KB211060

무디 설교집 2

무디 설교집2

· 초판 1쇄 발행 2016년 6월 5일

· 지은이 D.L 무디 · 엮은이 김충남
· 펴낸이 민상기 · 편집장 이숙희 · 펴낸곳 도서출판 드림북

· 등록번호 제 65 호 · 등록일자 2002. 11. 25.
· 경기도 의정부시 가능1동 639-2
· Tel (031)829-7722, 070-8882-4445 Fax(02)2272-7809
· 총판 : 하늘유통(031-947-7777)

청교도의 신앙으로 복음의 불길을 붙인 진정한 전도자

무디 설교집 2

김충남 엮음

드림북

엮은이의 말

세월의 연속 흐름 속에 미국에서 목회한 지 벌써 42년이 흘렀다. 목회의 여정을 통해서, 과거에 비해 신사조의 물결로 인하여 미국의 청교도 신앙이 점점 퇴색되어 가고 있는 것이 매우 안타깝게 여겨진다. 이러한 신앙적인 위기 속에서, D.L.무디의 설교는 우리의 신앙을 다시금 일깨우는 데 큰 도움이 되리라 믿는다.

돌이켜 보건대, 38년 전 시카고에 선교사로 파송된 후 처음 시작한 것이 미시간 호숫가 에서 새벽기도를 한 것이었다. 그 때 기도의 응답으로 교회를 개척하게 되었고, 교회가 부흥함에 따라 현지에서 더 깊은 신학공부의 필요성을 느껴 신학교를 물색하였다. 시카고 시내에 있는 멕코믹 신학교(McCormick Theological Seminary)는 자유주의 신학이 강하여 나의 신앙과 맞지 않았고, 트리니티 신학교(Trinity Seminary)는 목회지와 너무 먼 거리였기에 갈 수가 없었다. 그런데 '무디 바이블 인스티튜터' (Moody

Bible Institute)는 자동차로 15분 정도의 거리였기 때문에 쉽게 가서 공부를 할 수 있었다.

그러나, 한국의 총회신학교에서 석사과정까지 마쳤기 때문에 '무디 바이블 인스티튜터' 에서 수강할 만한 과목이 없었지만, 선배 목사님의 권고로 강의를 듣게 되었다. 등록을 마치고, 첫날부터 시작된 D.L. 무디의 영성, 요한계시록, 사도행전 등 여러 과목을 통해서 깊고 스피리츄럴 (spiritual)한 강의에 은혜를 받았다. 특히, 무디의 영성을 강의하는 Dr. Oll 교수님의 강의에 나는 큰 도전을 받았고, 그의 강의에 매료되어 2년간 '무디 바이블 인스티튜터' 에서 수학하게 되었다. 과연 당시 Oll교수님의 강의는 예수님의 재림과 청교도 신앙의 구심점을 잘 접목시킨 명강의였다. 그리고 가끔 강의중에 청교도 신앙이 퇴색해가는 미국의 미래를 예언하듯이 역설하고, 눈물 섞인 목소리로 학생들의 심금을 울렸다. 강의를 마친 후 학생들에게 신앙의 회복을 위해 통성기도도 시켰다. 나는 그때 미국의 어느 신학교에서보다 큰 은혜를 받았었다. Oll 교수는 그 무렵에도 가장 연세가 많은 교수였고, 곧 은퇴 예정의 교수님이었다. 그러나, 그의 강의만은 항상 학생들에게 꿈과 비전을 주었고,

무디의 신앙을 이어받을 수 있는 메시지였다.

나는 그때 그 감동의 명강의를 들으며 결심을 했다. 그것은 무디의 설교를 한국에 알리는 것이었다. D.L.무디는 종말에 가까운 이 시대에 항상 성령의 인도하심을 받는 하나님의 종이요, 성령님의 인도하심으로 미국과 영국을 변화시키고 세계적으로 복음의 불길을 붙인 진정한 전도자였다.

그후, 1976년에 나는 주님의 인도하심으로 미국 산호세로 목회지를 옮기고 교회를 개척하여 37년간 한 교회에서 시무하고 있다. 나는 지금도 무디의 성령충만한 전도의 삶에 도전받으며 목회를 하고 있다. 내가 그 무렵에 받은 그 감동을 '무디 바이블 인스티튜터' 캠퍼스에서 이렇게 시로 표현했었다.

> "별과 별을 딛고서는 자고새 마냥
> 청교도의 신앙으로 미국을 구령한 D.L. 무디,
> 일렁이는 성령의 용광로 마냥,
> 복음의 능력으로 미국을 불태웠네.
> 세속으로 기울어져가는 미국을,

청교도의 나라로 다시 탄생시켰네.

성령으로 살고 성령으로 전도하고,

성령으로 목회한 D.L.무디의 청교도 신앙… (후략)"

나도 무디처럼 남은 여생을 더 열정적인 목회일념으로 살고 싶다.

이 설교집은 역자가 2년간 '무디 바이블 인스티튜터' 에서 수학할 때 무디설교를 노트에 기록한 것과 무디도서관에서 수집한 설교집과 예전에 무디출판사에서 나온 여러 책중에서 몇 편을 뽑아 제2집으로 내보낸다. 이 일을 위해 수고한 김 유니스 전도사, 송민국 형제, 박경아 전도사, 김근호 목사에게 감사드린다. 그리고 책을 만드느라 수고한 민상기 사장에게 감사드린다.

2016년 봄을 바라보며 미국 산호세에서,

김충남 목사

|차 례|

chapter 01

신앙 부흥

제가 지금 가장 크게 관심을 가지고 있는 것은 하나님이 미국의 교회들을 부흥시켜 주셔야 하겠다는 것입니다. 저는 이것이 우리 공화국에 대한 유일한 희망이라고 믿습니다. 왜냐하면 공화체제를 가진 정부는 하나님의 의 없이 존속할 수 없는 까닭입니다.

제가 보기에는 이 나라를 사랑하는 모든 애국자나 국민들은 하나님의 교회가 활기를 띠며 부흥되도록 애써야 할 것이라고 생각합니다.

신앙부흥은 성서적이다

여러분은 신앙부흥이나 신앙적 각성이 완전히 성서적이라는 것을 발견하시게 될 줄 믿습니다. 모든 세대에 걸쳐 하나님은 하나님의 백성들을 소생케 하십니다. 저는 하나님의 백성들이 홍수가 있기 전에는 신앙부흥이라는 것이 없었을 줄 압니다.

만약 그렇지 않다고 하면 아마 홍수는 없었을 것입니다. 그들은 신앙부흥이라는 것을 믿지 않았습니다. 그리고 그 홍수는 그들의 죄악의 결과였습니다. 그러나 홍수 후 모세의 시대에 있어서 모세가 애굽으로 이스라엘 백성을 구속의 집에서 끌어내도록 보냄을 받았을 때 커다란 신앙적 각성이 있었습니다. 그리고 모세 시대로부터 계속 내려오면서 언제나 이스라엘 백성이 다시 우상숭배로 돌아가려하면, 하나님이 예언자와 하나님의 사자를 일으키사 온 나라가 하나님께 돌아오게 하신 것을 봅니다. 저는 늘 여러 예언자들이 살던 시대에 살았으면 좋겠다고 생각하였습니다. 그러나 곧 이런 생각을 벗어날 수 있습니다. 왜냐하면 예언자들은 언제나 모든 것이 밤중 같이 캄캄할 때에만 세상에 나타나는 것이기 때문입니다.

그리고 이스라엘 백성은 자기네 주위에 있는 여러나라의 신들을 모시기 위해 여호와 하나님을 경배하는 것을 저버렸던 것입니다. 그래서 그때마다 하나님은 자기 백성을 다시 불러오기 위해 예언자를 사용하셨습니다.

사무엘이 나타났을 때는 어두웠습니다. 엘리의 가족은 타락해 버리고 하나님의 방주는 적의 손에 들어갔으며 모든 것이 다 캄캄하였습니다. 그러나 사무엘상 7장 3-4절을 읽어 보십시오. "사무엘이 이스라엘 온 족속에게 말하여 이르되 만일 너희가 전심으로 여호와께 돌아오려거든 이방 신들과 아스다롯을 너희 중에서 제거하고 너희 마음을 여호와께로 향하여 그만을 섬기라 그리하면 너희를 블레셋 사람의 손에서 건져내시리라 이에 이스라엘 자손이 바알들과 아스다롯을 제거하고 여호와만 섬기니라"

그리고 11절을 보면 이스라엘이 적을 물리친 결과를 볼 수 있습니다. 인간 역사는 항상 이러하였습니다. 언제든지 사람이 회개하고 자기 우상을 버리고 하나님만 섬기려면 하나님이 위대한 힘으로 나타나서 적을 물리쳐 주셨습니다.

엘리야의 시대에는 한밤중의 어두움이 온 땅을 뒤덮고 있었습니다. 그런데 하나님이 엘리야를 사용하사 커다란 신앙의 부흥을 일으켰습니다. 하나님은 예레미야를 일으켜 세워 사람들을 다시 돌아오게 하였습니다. 어떤 사람들은 그의 말을 듣고 경계하였으나 다른 사람들은 자기들의 죄악된 생활을 계속하기를 주장하면서 이렇게 말했습니다. "우리들은 낡은 방법으로 세상을 걸어갈 수는 없는 거야" 그 결과는 그들이 포로가 되어 간 것입니다.

하나님 사업의 적

모든 참된 하나님의 사업에 대해서는 항상 신랄한 적이 있었습니다. 외부의 적뿐만 아니라 꼭 느헤미야의 시대 모양으로 내부에도 적이 있었습니다. 그리고 늘 선한 사람들이 신성치 못한 일에 가담하여 하나님의 사업에 대항하여 소리를 높입니다. 최선의 사업은 대개 가장 강력한 반대에 직면합니다. 가령 어떤 사람이 어떤 도시에 들어가서 십년간이나 데모스테네스 같은 훌륭한 웅변으로 전도를 하고 수많은 군중을 이끌 때에, 만약 아무도 회개하는 사람이 없다면 모든 신문들은 그를 찬양하며 그를 칭찬하는 훌륭한 말을 자자하게 쓸 것입니다. 그러나 만약 회개한 사람이 수백명이나 된다면 반대론이 마치 지옥이나 만들 수 있을 정도로 맹렬해질 것입니다. 사람이 그리스도께 더 가깝게 살면 살수록 또 진리를 더 많이 가지게 될수록 하나님의 적들은 그에게 대해서 더욱 신랄하고 비열한 말을 하게 됩니다.

이 세상에 예수님 빼놓고 세례 요한과 같은 훌륭한 전도자가 또 있었겠습니까? 요한에 대한 반대가 얼마나 신랄하였던가 보십시오. 이것은 나쁜 사람들 사이에만 있었던 것이 아니라 그 시대에 있어서 소위 선하다는 사람들 사이에서도 그리하였습니다. 세례 요한의 공적 성직기간은 짧았습니다. 그러나 이것은 기나긴 겨울의 밤이 지난 후의 봄의 호흡과도 같은 것이었습니다. 그런 후 그리스도가 그의 제자와 같이 나타나사 위대한 사업을 하셨습니다.

그러나 그리스도 역시 가는 곳마다 반대를 만났습니다.

신앙부흥에서 생긴 종파

저는 성경을 아는 분들이 성령의 감화를 신앙부흥에서 얻었다고 생각할 수 있는지 아닌지를 알수 없습니다. 교회의 역사에 있어서 저는 여러 종파들이 계속해서 뒤를 이어 하나님의 사업에 대하여 얼굴을 돌려대는 것을 발견하고 놀랐습니다.

로마 가톨릭교회는 성도적임을 주장합니다. 그러면 어떻게 그들이 오순절에 교회가 탄생하였는데도 신앙부흥을 반대할 수 있겠습니까? 오순절은 이 세상에 있어서 가장 힘 있던 신앙부흥이었습니다. 그런데도 가톨릭교회는 "신앙부흥"이라는 말을 싫어합니다. 그 대신 신부들은 "전도"라는 말을 쓰는데 마찬가지입니다.

만약 감독교회의 역사를 오순절까지 따라 올라가 상고해 본다면 그들도 역시 그때 신앙부흥의 자손입니다. 그런데 어째서 감독교회 교인들은 신앙부흥에 대해서 얼굴을 돌려대는지 저는 이해할 수 없습니다. 교회가 오래되면 오래될수록 신앙부흥을 할 필요가 있습니다. 왜냐하면 형식주의로 흐르기 쉬운 경향이 있기 때문입니다.

또 루터교회는 마틴 루터시대의 신앙부흥에서 탄생한 것이 아니면 어디서 온 것입니까? 어떻게 루터 교인들이 신앙부흥에 대해서 얼굴을 돌려 댈 수 있는지 저에게 신기로운 일입니다. 하나님이여, 신앙부흥을 믿지 않는 감리교인들에게 자비를 베푸소서. 감리교회는 거의 우리시대의 신앙부흥으로부터 바로 탄생된 것이기 때문입니다. 감리교회는 찰스 웨슬레(Charles Wesley)와 존 훼슬레(John Wesley) 그리고 죠지 휘트필드(George Whitfield)가 주동이 된 신앙부흥에서 일어난 것이 아니면 어디서 온 것입니까?

이 사람들의 전도로 인하여 온 나라가 크게 뒤흔들리지 않았습니까? 케-커교는 또 폭스(focx)의 신앙부흥으로부터 일어난 것이 아니면 어디서 온 것입니까?

우리 YMCA는 1850년의 신앙부흥의 결과가 아니었습니까? 우리들의 모든 최선의 교육기관은 신앙부흥에서 발생한 것입니다. 그런데도 많은 사람들은 신앙부흥을 두려워하며 계속해서 반대론을 자꾸 일으키고 있습니다.

신앙부흥에 대한 몇가지 반대

가장 흔한 반대의 하나는 "회개할 수많은 사람들이 계속을 못한다"는 것입니다. 이것은 참 옳은 말입니다. 만약 회개를 고백할 모든 사람들이 전부 충실하였다면 이세상은 벌써 오래전에 그리스도에게로 가서 살 수 있었을 것입니다. 그런데 여러분 어떤 목사나 장로나 집사까지도 신앙을 지속할 수 있다면 이것은 성서에 나타난 사실과 상관됩니다. 이 신앙부흥에 반대하는 논의는 그 진수를 파악 못하고 있는 것입니다. 그리스도의 시대에 있어서도 회개를 고백한 사람들이 신앙을 유지할 수 없었습니다. 요한복음 6장을 보면 이런 구절이 있습니다.

"예수의 제자 중에 많이 물러가고 다시 그리스도와 함께 다니지 않더라" 가령 농부가 모든 씨가 다 뿌리를 박고 열매를 맺지 않는다고 씨 뿌리기를 거절한다고 생각해 보십시오. 또 사과나무의 모든 꽃이 열매를 맺지 못한다고 사과나무를 베어 버린다고 생각해 보십시오.

사업을 하는 사람들이 90퍼센트가 실패한다고 계산을 합시다. 그렇다고 많은 사람들이 실패한다고 사업을 시작하지 않는다고 가정해 보십시오. 사람들이 신앙부흥에 반대하는 이유는 바로 이것입니다. "회개한 모든 사람들이 다 신앙을 기뻐할 수 없습니다. 왜냐하면 너무 많은 어린 아이들이 죽어가기 때문이지요. 여기 어떤 남자가 강물 속에 뛰어 들어갑니다. 그랬더니 어떤 다른 사람이 그 강에 뛰어 들어가서 그 빠진 사람을 건져냈습니다. 그는 기뻐해 주기를 원합니다. 그러나 저는 그럴 수 없습니다. 왜냐하면 그가 또 빠질지 모르니까요. 이것이 사람들의 신앙부흥에 대한 가장 강한 사유입니다. 또 하나 많은 사람들이 마음을 지배하는 것 같이 보이는 논의는 너무 흥분이 많다는 것입니다."

나의 사랑하는 친구 여러분! 저는 사람들이 다른 일에 열중하고 흥분하듯이 하나님의 교회안에 또 하나님의 사업에 흥분하는 것을 보기를 원합니다. 여러분이 만약 흥분하시기를 원하면 오락장에 가보십시오. 어떤 목사를 제가 아는데 그 목사는 센킴(Sankey)한 웅변으로 설교를 하였습니다. 설교 전체에 걸친 논의는 "과분한 흥분"이라는 것입니다. 그런데 그 목사는 금요일 밤에 댄스파티의 사회자였으며 토요일 아침 다섯시까지 그곳에 있었습니다.

그런 후 그는 "종교집회에 있어서의 과분한 부흥"을 반대하는 유창한 설교를 썼을 줄 압니다. 어떤 술집은 밤새도록 엽니다. 그리고 사람들은 너무 흥분하여 서로 때리고 죽이고 합니다. 그러면서도 우리는 "과분한 흥분" 때문에 신앙부흥을 가져서는 안됩니까?

당구장이나 도박장이나 집창촌이나 술집의 일주일 간의 흥분은 모든 하나님의 교회에서 일년간 있는 흥분보다도 더 많습니다. 신문은 여기에 대해 아무 소리도 못합니다. 하늘 아래 센세이션을 일으키는 사람이 있다면 그 사람은 신문기자입니다. 신문기자는 만약 센세이션이 나타나는 것이 없으면 만들어 냅니다. 그는 마지막으로 우리들에게 돌을 던질 사람입니다. 저는 다른 사람들 모양으로 흥분을 두려워하지 않습니다. 흥미의 숨가쁜 순간이 닥쳐 오기만하면 "감각주의! 감각주의!" 하고 외칩니다. 그러나 여러분께 사실을 말씀드리면 저는 침체되어 있는 것보다는 오히려 센세이션을 가지기 원합니다. 선장들이 안개보다 무서워하는 것은 없습니다. 그러나 폭풍은 그만큼 무서워하지 않습니다. 우리들 교회안에는 안개가 너무 자욱합니다. 이 안개를 다 걷어 치웁시다. 안개에 둘러쌓인 목사를 만나 보십시오. 그는 이렇게 말합니다. "제가 사람들을 끌어 들일 수는 없습니다. 그러나 하나님께 감사하는 것은 제가 감각론자가 아닌 것입니다." 이런 목사에게 책을 쓰라면 너무도 조잡하여 불이 붙을 지경입니다. 그래서 아무도 읽으려 하지 않습니다. 그러나 그는 그가 감각주의자가 아니라고 하나님께 감사하고 있습니다.

여러분은 이 넓은 세상에서 팔레스틴 같이 세례 요한과 예수와 그의 사도들이 전도로 인하여 온 나라가 뒤 엎어진 곳이 또 있으리라고 생각하십니까? 적은 흥분이라든가 또는 적은 "감각주의"를 무서워 마십시오. 저는 무기력한 것보다는 다른 어떤 것이라도 거의 다 괜찮다고 보여집니다. 무덤에는 흥분이라든가 또는 감각주의 같은 것은 없습니다. 죽은 사람은 눕혀 놓은 대로 있을 뿐입니다. 그러나 저는 부활절 아침에는 대단한 소동이 있었으리라고 생각합니다. 저희들이 원하는 것은 생명입니다. 젊은 사람들이 만약 교회안에 더 귀중한 생명이 있다면 그들은 일요일마다 자전거나 타고 돌아다니고 또한 신문이나 읽으며 날을 보내지는 않으리라고 생각합니다.

스코틀랜드의 어떤 목사가 매주 일요일 설교때마다 잠드는 습관을 가진 어떤 교인과 논의를 시작하였습니다. 목사가 말했습니다. "당신이 만일 예배 때 깨어 있지 못하면 오히려 집에 머물러 있는 것이 좋다고 생각지 않습니까?"

그러나 그 여자는 그가 교회에 가도록 자라왔기 때문에 그래도 교회에는 나오겠노라 대답했습니다. "그러면 당신은 졸지 않도록 졸리지 않는 약을 사용하는 것이 좋다고 생각지 않습니까?" 그 여자는 대답하였습니다. "목사님, 당신의 설교에 졸리지 않는 약을 좀더 쓰는 것이 좋다고 생각하시지 않습니까?" 사람들은 영생과 생명의 문제에 관해서 더 흥분치 않으면 안됩니다

서부 도시에서의 경험

저는 어느 해 겨울 인구가 육천명 정도 되는 서부의 도시에 갔던 일이 있습니다. 인구의 대부분은 젊은 사람이었는데 그 중 얼마는 우리 대학 출신자들이며 이 세상에서 살길을 찾아 새 땅으로 온 사람들입니다. 그들은 진취적인 청년들이었습니다.

그곳에는 교회가 여섯 개 있었는데 술집은 서른 여섯 군데가 있었습니다. 어떤 술집과 음악홀은 밤과 낮으로 여름 겨울 가릴것 없이 영업을 하고 있었습니다. 그런데 대부분의 교회는 여름동안은 문을 닫고 있었습니다. 감독교회의 목사는 폐가 약해져서 사망하여 버리고 그 감독교회에서는 설교할 사람이 없었습니다.

감리 교회 목사는 폐가 한쪽만 남아 있어서 전력을 다 한다는 것이 겨우 속삭이는 목소리 정도였습니다. 그때 목사가 또 한분 있었는데 제가 그곳에 도착하였을 때, 그는 신앙부흥에 반대하는 설교를 하고 있었으며 제가 가지게 될 집회에 끌려가지 않도록 사람들

에게 경계하고 있었습니다. 나는 나이 십오세부터 삼십세 사이에 두 젊은 남자만이 이 교회에 속하고 있다는 것을 발견했습니다. 그리고 그들 중의 한 사람은 한쪽 폐만 있어서 첫 집회에서는 누워 있어 결국 나는 젊은 한 사람만 갖게 된 것이었습니다. 교회에서 십오세부터 삼십세 사이의 한 젊은 남자와, 부흥회를 반대하는 설교를 하는 그 목사는 천사를 울게 할 만한 일이 아니겠습니까? 좋은 가정을 떠나 이 지방에 와서 시간과 돈을 이러한 술집과 죄악의 소굴에서 소비하고 있는 이런 젊은 사람들을 구원해 내기 위한 신앙부흥처럼 이 세상에 더 필요한 일이 있겠습니까? 하나님이여 이 목사에게 자비를 베푸소서.

어떤 감독 한 분이 저에게 말했습니다.

"우리는 신앙부흥을 믿지 않습니다. 저희들은 신앙부흥은 디모데와 같이 어려서 가질 것이고 교회에서는 자라게 하는 것을 믿습니다." 그러나 바울은 디모데가 자기에 의해서 되어진 사람이라고 말하지 않았습니까? 저는 디모데가 바울의 집회에서 회개하였으리라는 생각이 있습니다. 어떤 곳에서 한 목사가 저에게 말했습니다. "이번 부흥회는 전 것보다 결과가 더 좋아지기를 희망합니다. 저는 백 명을 제 교회에 데려왔는데 요새는 단 두 명 밖에 나오지 않습니다." 이것은 참 기분이 좋지 못한 것이었습니다. 저는 같은 도시에 있는 다른 목사에게 말했습니다. "만약 제가 이번 일이 전번 보다 더 좋아지지 않는다고 생각하면 저는 오히려 다시 청소나 돌깨는 일이나 하러 가겠습니다.” “어째서요”하고 목사님은 말했습니다.

“저는 그때 백명의 교인을 얻었는데 세 사람을 제외하고는 다 제 교회에 나옵니다. 한 사람은 이 도시를 떠나 이민을 했고 두 사람은 마음이 변했습니다. 그러나 아흔 일곱 사람들은 잘 믿고 있습니다.” 이것은 신앙부흥회가 있은지 5,6년 후의 일이었습니다.

만약 첫 번째 만난 목사가 정직하였더라면 그는 시중의 귀족급이 사는 곳으로 이사할 때였으리라 생각하는 것이 옳을 것입니다.

그런데 그 교회는 갈라지고 젊은이들을 잃었을 뿐 아니라 늙은이들도 잃어버렸으며 교회는 산산조각이 되어 버렸습니다.

하나님은 우리들이 참 사업을 간절히 요구할 때 우리들에게 거짓 사업을 주시지는 않으리라고 저는 믿습니다. 우리들이 하나님께 떡을 구할 때 하나님은 우리들에게 돌을 주시지는 않습니다. 우리들이 만약 어디엔가-가짜 부흥회가 있다면 마귀는 모든 것을 가짜로 만들려 한다고 저희들이 진정한 부흥회를 단념할 수는 없습니다. 사람들은 목을 길게 빼고 이렇게 말합니다. “그 굉장했던 부흥회에서 회개한 사람들은 다 어디 있습니까?” 저도 모르겠습니다.

그러나 제가 분명히 아는 것은 그들이 여러분의 집까지 찾아가서 현관을 두드리고 자기들이 어디 있노라고 말하지는 않을 것입니다. 만약 여러분이 부흥회에 외면을 하면 당신은 그들이 찾아올 마지막 사람이 될 것입니다.

회의론자와 선교사

런던시에 인도에서 돌아온 몇몇 사람이 있어 어느 날 만찬회를 열었습니다. 초대를 받은 여러 손님중에 대단히 회의적인 부자 상인과 어떤 외국 선교사 한 분이 있었습니다.

만찬회 때 그들은 회개한 원주민에 대한 화제를 꺼내게 되었습니다. 그랬더니 그 영국 상인은 머리를 내 흔들며 이런 말을 했습니다.

"저는 인도에서 20년이나 살았습니다. 그런데 저는 인도에서 보다 런던에서 회개한 원주민의 얘기를 더 많이 듣습니다. 제가 그곳에 가 있는 동안 저는 한 사람도 회개한 원주민을 구경하지 못하였습니다."

손님들은 그 외국 선교사가 무슨 대답을 하나 기다렸습니다. 그러나 그는 아무 대답도 하지 않다가 그날 밤 늦게서야 그 상인을 보고 말했습니다.

"당신은 인도에서 호랑이를 보신 일이 있나요" 그 상인의 얼굴은 즉시로 활기를 띄었습니다. "오! 네, 보고 말고요. 제가 본 것 뿐만 아니라 호랑이 사냥을 가서 상당히 많이 쏘아 잡았지요" 하고 그는 말했습니다.

"그것 참 이상한데요" 선교사는 말했습니다. "저는 인도에 20년이나 살았는데 호랑이라고는 한 마리도 구경하지 못했습니다." 한 사람은 호랑이만 찾아 다녔고 또 한 사람은 회개시킬 자만 찾아 다녔습니다. 사람은 대개 찾으러 다니는 것을 얻게 되는 법입니다.

저는 태평양 해안지방에 6개월 가량 머물러 있었는데 제가 간 곳마다 보스톤이나 뉴욕주의 힛포드롬(Hipodromw)이나 런던의 헤이마켓 극장(Haymarket Theatre)이나 켐프벨 홀(Campbell Hall)에서 회개한 사람들을 만나지 않은 곳이 없었습니다.

제가 간곳마다 목사나 집사나 장로나 또는 주일학교 교사들을 만나게 되었는데 이들은 제가 갔던 여러 곳에서 회개한 사람들입니다. 저는 그곳에서 하나님이 사람들을 회개시킬 뿐 아니라 또 보존도 하신다는 사실을 마치 제가 저의 존재를 의심치 않을 정도로 확신하게 되었습니다. 어떤 사람들은 한꺼번에 너무 많이 회개하게 된 사람들은 건전치 못하다는 생각을 가지고 있습니다. 저는 이런 말은 한 마디로 절대 믿지 않습니다. 만약 교회에 한 사람이나 두 사람만 나타난다고 하면 목사는 절대로 이들을 위해 완전한 설교를 준비하려 들지 않습니다. 그러나 회개한 젊은 사람 백명을 교회에 데리고 가 보십시오. 그러면 목사는 이 젊은 신자들을 위해 설교를 준비하고 또 준비할 것입니다. 그 뿐만 아닙니다. 그렇게 되면 그 교회 교인들 모두가 대단히 감동되어 이들을 돕는데 흥미를 갖게 될 것입니다.

신앙부흥의 필요성

여기 또 한 문제가 있습니다. 이것은 우리들의 필요성입니다. 하나님이 당신의 사업을 부흥시키셨을 때는 항상 막대한 필요성이 있어서였습니다. 동이 트기전이 가장 어두운 법입니다. 저는 세대가 점점 어두워 간다고 봅니다. 그러나 조금이라도 저를 비관론자라고 생각지는 마십시오. 제가 설혹 만년을 산다해도 비관론자가 될리는 만무합니다. 저는 세상의 종국적인 종말에 대해서 제가 존재한다는 사실 이상 더 의심치 않습니다. 저는 예수님이 이 세상의 종말에 임금의 권세를 잡으시고 하나님의 뜻이 하늘에서 이루어진 것같이 땅에서도 이루어져, 사람의 목소리는 단지 하나님의 목소리의 울림에 지나지 않을 때가 오리라고 믿습니다. 저는 또 모든 사람들이 무릎을 꿇고 그들의 혀가 그리스도를 찾을 때가 오리라고 믿습니다. 저는 비관주의자가 아닙니다. 그리고 저는 또 로뎀나무 아래 있는 것도 아닙니다.

제가 만일 어두운 면을 보게 된다면 여러분을 소동케하여 싸우게 할 것입니다. 그러나 세상은 점점 어두워지기 시작하고 있습니다. 이것은 의심할 여지가 없습니다.

디모데후서에서 사도 바울은 말합니다. "이것도 알아 두어라. 말세에는 험악한 세대가 오리라. 대개 사람들은 자기 자신의 것만 사랑하는 자가 되리라" 이것은 오늘날 사실이 아닙니까? 사람들은 자기 것만 사랑합니다.

할 수 있으면 이것을 부정해 보십시오. 돈을 몇 백만 불씩 쌓아 모으고 있는 사람들을 보십시오. 저는 아직 젊은 사람입니다. 그런데도 저는 이 나라에 백만장자라곤 별로 없던 시절을 기억합니다. 사람이 백만불이나 가졌으면 충분히 가졌다고 만족하였습니다. 그러나 지금은 2,3백만불 아니 5백만불을 가져도 만족치 않습니다.

실로 "탐욕과 자랑하는 것과 뽐내는 것과 하나님께 대한 불경과 부모에게 복종치 않는 것과 감사할 줄 모르는 마음과 신성치 않는 것" 뿐입니다. 자 여러분 또 들어 보십시오.

본래의 감정과 평화를 깨뜨리는 자와 거짓으로 비난하는 자와 절제치 못함과 포악함과 선한 자를 멸시하는 자들 뿐입니다. 일년 동안이나 '메인(Maine)주를 기억하라' 라는 말이 전국에 떠들썩 하였습니다. 메인주로 인하여 300명 좀 못되는 사람들이 그들의 생명을 잃었습니다.

그러나 이 나라에서는 24시간마다 300명이나 되는 사람들이 주정뱅이 무덤속에 기어 들어가고 있습니다. "본래의 감정이 없어서" 입니다. 저는 5년동안 살려다가 죽느니보다 오히려 즉석에서 제 아들의 손에 죽겠습니다. 이것이 바로 이 나라에서 일어나고 있는 일입니다.

"메인주를 기억하라"고 외치는 대신에 저는 여러분들이 "위스키를 기억하라"고 외치며 일어나서 부정한 무역을 없애버리는 편이

났다고 생각합니다. 북미 합중국에 있어서 4년 동안에 38,512명의 살인자가 발생하였습니다. 그런데 똑같은 기간내에 영국에서는 600명이 채 되지 않았습니다.

이 나라에는 25,000명의 이혼자가 나왔습니다. 안식일을 지키지 않는 일과 경제계의 부정직한 것이 얼마나 늘어가고 있는지 보십시오. 형무소에 갇혀 있는 은행 거두들이나 출납 계원들을 보십시오. 우리는 개혁을 할 필요가 없겠습니까? 하나님의 자녀들이 "오- 하나님이여! 당신의 일을 다시 일으키소서"하고 외칠 때가 오지 않았습니까?

"반역자와 완고하고 교만한 자와 하나님 사랑하는 것보다도 환락을 더 즐기는 자"들입니다. 저는 수주일 전에 이곳에서 학생들에게 앞으로 커다란 유혹의 하나는 자전거가 되리라고 이 자전거에 대해서 좋지 않은 말을 하였습니다. 물론 자전거가 필수품에는 틀림이 없습니다.

그러나 여러분이 만약 조심하지 않으면 이 모든 것이 저주가 될 수도 있습니다. 저는 학생들에게 그들이 자전거를 타고 시골로 나가 자기들의 영혼을 무시하고 하나님의 교회를 무시하고 주일 학교와 성경반을 무시하도록 유혹을 받을지 모른다고 말했습니다.

신앙인인 나의 친구 한 사람은 내가 잘못을 저지르고 있다고 생각하였습니다. 그러나 그는 지난 몇 주일 동안 이곳을 떠나 있다가 돌아와서 어젯밤 저에게 이렇게 말했습니다.

"제가 잘못 했다는 말을 하고 싶습니다. 저는 저의 가슴을 아프게 하는 일을 보고 왔습니다." 저는 우리 도시의 많은 수의 젊은 남자들이 말하기는 좀안되었지만 불량한 여자들도 역시 자전거를 타고 안식일을 피하기 위해 시골과 들과 숲속으로 들어가서, 하나님의 계명을 먼지와도 같이 짓 밟으며 주머니에는 일요판 신문들을 넣어 가지고 -사실 이들은 신문이 성경인듯이 가지고 돌아다니는 꼴은 차마 볼 수 없다고 믿습니다. 이런 일은 수년전만 해도 용서되지 않던 일입니다. 이 시카고 시에서는 수년전까지 극장이 일요일 오후와 야간에 흥행하는 것을 허용치 않았습니다. 그런데 이것도 또 마찬가지 경우입니다.

뉴욕시에서는 일요일에도 극장흥행을 허용하는 안건이 뉴욕의회에 상정되었습니다. 그래서 저는 어떤 유명한 정치가를 보고 말했습니다.

"저는 당신이 그 의안을 꼼짝 못하게 해놓고 말살시키도록 전력을 다하여 주시기를 원합니다." "천만에요, 아닙니다"하고 그는 말했습니다. "저는 그 안건을 지지합니다. 이것이 저희들이 원하는 것인걸요. 저는 일요일 아침에 예배보러 갑니다. 그런데 제 생각에는 주님이 그 나머지 시간은 휴양하는데 쓰라고 뜻하신 것 같습니다." 아침에는 히브리의 하나님을 믿고 오후와 저녁에는 바알신을 섬기는 격입니다. 하나는 바알신을 위한 것이요, 또 하나는 여호와와 하나님을 위한 것입니다. 여러분은 이렇게 할 수 없습니다. 이들은 갈라야 합니다. 우리들은 공기를 맑게 하기 위해서 신앙부흥을 일으킬 필요성이 있습니다.

옛 복음과 새 복음

대단히 널리 보급되어 있는 또 하나의 그릇된 생각은 옛 복음이 이제는 그 힘을 좀 잃었다고 하는 것입니다. 저는 이런 말을 한 마디도 믿지 않습니다. 사람들이 복음이라고 부르기는 하지만 그 속에 복음이라고는 마치 톱밥 속에서 밀알을 찾기 힘든 정도로 없는 것을 봅니다. 그런데도 사람들은 이 진리의 차이를 모르는 듯이 보입니다. 제가 얼마 전에 어떤 젊은 부인의 얘기를 들었는데 그는 자기 남편한테서 매주 얼마씩 돈을 받아 가지고 온 집안 살림을 하고 또 장부를 사용하고 있었습니다. 그런 후 몇 달 지나서 하루는 남편이 말했습니다. "여보, 오늘 저녁은 내가 집에 머물러서 우리 가계부를 좀 살펴보고 어떻게 살아가는지 알아 봅시다" 그는 가계부를 면밀히 검토해 보았습니다. 그런데 그 남편은 자기 아내가 매주 "G.K.W."라는 항목아래 돈을 얼마 치루고는 잔금을 맞춰놓고 있는 것을 발견했습니다. 그 남편은 도대체 이 사람은 어떤 사람인가 궁금해서 아내에게 물었습니다.

"이 G.L.W.란 누구요?" 아내는 설명하기를 아무리해도 회계를 맞힐 수가 없어서 "항상 하나님만이 아신다"는 의미로 "G.K.W"

즉 Godness Knows What라는 항목을 만들어서 잔고로 마치고 있었다고 하였습니다. 우리가 어떤 사람이 설교를 할 때는 정말 "G.K.W. 하나님만이 아신다"라고 말을 해야 할 경우가 있습니다.

정직하게 말씀드리면 저는 어떤 유명한 사람들의 설교를 들어 보았는데 정말 그들이 무슨 말을 하고 있는지 알 수가 없었습니다. 저는 제가 대략 보통 정도의 사람이라고 생각합니다. 그런데 제가 알아듣지 못했다면 나머지 사람들은 어떠하였겠습니까? 여러분들이 만약 옛 복음을 바르게 놓고 제대로 이해한다면 이 복음은 아직까지도 많은 효과가 있다는 것을 저는 말씀 드리고 싶습니다. 사람들이 새로운 복음을 원하여 옛 복음은 그 힘을 잃었다고 하는 말은 그릇된 사상입니다. 사람들은 6천년 전부터 아직까지 똑같습니다. 최초로 여인이 낳았던 사람은 살인자였습니다. 우리들은 불운을 타고 났습니다. 그리고 여러분은 사람들에게 우리가 교육을 얼마간 받았다고 해서 천사와 같다고 추켜 주지는 말아야 할 것입니다. 교육받은 무뢰한은 정말 가장 야비한 종류의 무뢰한입니다.

공평한 검토

작년 겨울 제가 태평양 해안 지방에 갔을 때 신문에서 어떤 목사가 제 설교는 이제 전과 같이 힘이 없다고 말한 것을 읽었습니다. 저는 제 자신에게 정말 그럴까? 하고 물었습니다.

저는 차차 정신을 차리게 되었습니다. 그래서 "좋다. 이제부터는 기록을 해야겠다"고 말했습니다. 그 다음 일요일 저는 쏠트 레이크시(Sait Lake)의 몰몬교 교회에서 설교를 하였습니다. 그곳에 모인 사람들은 아마 7천명 가량이나 되었습니다. 저는 죄에 대해서 말하기 시작하였습니다. 저는 몰몬교회(일부다처주의)는 죄인들이라고 말했습니다.

저는 죄에 대해서 제가 할 수 있는 한 강력히 공격하였습니다. 그리고 끝이 난 후 저는 말했습니다. "여러분은 제 말씀을 들으셨습니다. 여러분은 죄를 끊기를 원하십니까? 여러분은 죄에 진저리가 나십니까? 그리고 죄를 끊기 원하시는 분이 계신다면 제가 기도하는 동안에 일어서 주시기 바랍니다." 저는 무사공평하게 말했습니다. 그리고 그들이 결심하는데 한 5분쯤 주었습니다. 그랬더니 거기 모인 사람이 거의 다 일어섰습니다. 그들은 볼에 눈물을 흘리고 있었습니다. 그런데 제가 수년전에 쏠트 레이크에서 설교하였을 때는 바로 이 곳에서 이때 얻었던 결과를 얻지 못하였습니다.

그 다음 일요일에는 디트로이트(Detroit)시에서 설교를 하였습니다. 저는 그곳에서 일요일 오후에 제일 큰 교회에서 여러 사람을 위해 집회를 가졌습니다. 저는 똑같은 제목으로 죄에 대해서 설교하였습니다. 그리고 끝나고 나서 저는 말했습니다.

"여러분은 자신의 죄를 끊기를 원하시는지 안하는지를 알 것입니다. 자, 이 문제와 직면하십시오." 저는 그들이 다른 사람들이 한다고 그냥 따라하지 않도록 설명을 잠시동안 해 주었습니다. "자, 이 집안에 있는 여러분은 다른 사람이 일어난다고 자기도 일어서기를 저는 원치 않습니다. 여러분이 만약 죄를 끊어버리시기 원하면 제가 여러분을 위해 기도하는 동안 일어서 주시기 바랍니다." 은행의 출납계원, 서기, 상인 등 2천명이나 되는 청중들이 거의 다 일어섰습니다. 저는 디트로이트에서 수년전에도 설교한 적이 있었는데 이때 같은 결과를 거두어 보지는 못하였습니다. 이 집회는 제가 그곳에 가서 첫 일요일에 개최한 것이며 그날 청중들도 처음 만난 사람들이었습니다. 그런데도 그들은 마치 도기공 손안의 진흙과도 같았습니다. 저는 청중들의 이 결심을 좀더 개인적으로 하기 위하여 이렇게 말했습니다.

"여러분은 참으로 기도가 끝난 후에도 이 결심을 가지고 싶으시면 남아서 저와 얘기할 수 있게 하여 주십시요"

오백 명 이상의 많은 청년들이 남았습니다. 그들은 죄에 진저리를 낸 사람들입니다. 그 다음 일요일에는 예일(Yaie)대학교에서 설교하였습니다. 대학의 처음 예배시간에서는 어떻다 말할 수 없습니다. 왜냐하면 대학에서는 학생들이 원하건 원하지 않건 예배시간에 참석하도록 되어있는 까닭입니다. 저는 그곳에서도 같은 제목의 죄에 대한 설교를 하였습니다. 저는 학생들 더러 일어서라 하지 않았습니다. 저녁 예배시간에는 학생들이 참석이 자유였습니다. 그러나 그 강당은 차고 넘칠 지경이었습니다. 그리고 제게 질문을 하는 사람들이 많았습니다. 저는 그 대학에 20년을 갔었습니다. 그러나 그날 밤 그곳에서 일어났던 것과 같은 결과는 일찍이 본 적이 없습니다.

네 번째 주일에는 메리랜드(Maryland) 형무소에서 설교하였습니다. 그곳에는 새로운 청중들이 모여 있습니다. 교인, 상인과 서기들, 예일대학의 학생들 그리고 형무소 사람들입니다.

저는 볼티모아(Baltimore)에서 1878~1879년까지 6개월 동안 매주 일요일 아침 형무소에서 설교하였습니다. 제가 그곳에서 20년 전에 설교하였을 때는 4주일이나 5주일간 설교를 하고서야 감히 반응이 어떤가 물어 볼 수 있는 정도였습니다. 그런데 지난 여름에는 제가 똑같은 죄라는 제목으로 설교를 끝마쳤을 때 청중 중의 많은 사람들이 울며 자기들을 위해 기도해 달라고 말하는 것이었습니다. 4주일간에 많은 사람들을 대하였으나 결과는 어디서나 마찬가지였습니다. 복음이 예전에 가지고 있던 힘을 잃었다는 말은 하지 마십시오. 사람들이 다른 종류의 새로운 설교가 필요하다는 말을 하지 마십시오. 우리들이 해야 할 것은 죄를 크게 비난하고 하나님이 저희들을 책벌하시기 위해 보내신 예수 그리스도의 이름을 소리높이 외쳐야 하는 것입니다.

여러분이 미국에 있는 어떤 교회 회중이라도 들어가서 부흥회 때에 회개한 사람은 일어서 보라고 물으면 교인의 5분의 4가 일어날 것이라고 저는 믿습니다. 저는 설교를 전국에 걸쳐 가는 곳마다

다 해보고 또 해 보았습니다. 그래도 저는 아직 그렇지 못한 곳을 찾아 다녀야 하겠습니다.

하늘로부터의 묵시

저로 하여금 희망의 징조가 있다는 것을 믿도록 북돋아 주는 또 하나의 사실은 지난 6개월 동안 집회 때에 하늘로부터의 암시가 나타난 일인데 이것은 제가 몇해 동안 경험하지 못한 것입니다. 저는 지난 일요일 부룩클린(Brooklyn)구에 있는 스토스(Dr.Stors)박사의 교회에서 설교하였습니다. 저는 부룩클린과 뉴욕에서 230회 집회를 가졌습니다. 센키(Sankey)씨와는 다른 집회를 여러차례 같이 했습니다. 제가 말하려하는 것은 센키씨가 일어나서 그 집회에는 처음에서부터 끝까지 우리가 230회에 있어 드물게 경험한 하나님으로부터의 암시와 힘이 있었다는 것을 증거한 것입니다. 그 집회는 6월 더운날 사람들이 아무것도 하지 못하리라 생각하는 날이었는데, 회중들은 마치 보이지 않는 어떤 힘에 의해 붙들려 있는듯 하였으며 마치 하나님이 그 사람들에게 말씀하시듯 하였습니다. 하나님은 우리들 가까이 오십니다. 저는 우리가 그저 일어나서 위대한 사업을 하겠노라 부르짖기만 하면 곧 다 이루어 질 줄 믿는 바입니다.

성경과 성경연구의 필요

그리고 또하나 희망적인 징조는 이 세계역사에 있어서 지난 몇 해 동안 처럼 성경에 대한 요구가 컸던 일은 없었습니다. 정말 없었습니다. 뉴욕 신문의 어떤 편집인이 제가 얼마전에 뉴욕에 갔을 때 저에게 물었습니다.

"무디 선생님, 요새도 무슨 성경에 대한 요구가 있습니까?" 저는 말했습니다. "성경에 대한 요구냐고요? 이 양반 어디서 오신 분이요? 요구가 있어도 지금처럼 세계 역사상 성경의 요구가 컸던 일은 전혀 없었습니다." 그는 웃으며 대답하였습니다. "만약 당신이 이 말을 수개월 전에 하였다면 제가 믿지 않았을 것입니다. 우리 사무실에서 성경이 불경기가 되고 대신 일요일 신문이 그 자리를 차지하게 된다는 의문이 일어나서 이에 대한 사설을 쓰라하던 참이었지요. 제가 사람을 몇 군데 서점에 보내서 과연 성경에 대한 요구가 있는가 알아보게 하였습니다. 그랬더니 놀랍게도 그들은 과거 3년간에 있어서 일찍이 전에는 볼 수 없었던 성경에 대한 요구가 크다고 보고해 왔습니다." "그래 어디가서 알아보셨나요?"하고 저는 물었습니다.

그는 서점과 성서공회 몇군데로 가서 알아 보았다고 대답했습니다. 그래서 저는 이렇게 말했습니다.

"별로 멀리 다녀 보시지 않았군요. 당신이 만약 백화점에 가셨더라면 성경이 톤수로 팔리는 것을 보셨을 텐데요"

필라델피아(Philadephia)의 어떤 백화점에서는 다른 유명한 출판사 열군데에서 팔린 것보다 더 많이 팔렸습니다. 생각해 보십시오. 하나님의 말씀을 파는데 이와같은 경쟁은 일찍이 없었습니다. 마틴 루터(Martin Luther)의 시대에 있어서 그가 저술한 소책자와 전도의 진리에 대한 도서들이 여러나라에 떨어져서 천사의 손에 의해 펼쳐졌다는 말이 있습니다. 마치 하나님의 천사가 신기한 방법으로 활동을 하여 사람들이 옛 성경으로 돌아가듯이 보입니다. 저는 시카고시에 있는 우리 성경학교 교장에게 저녁에도 성경반이 있었으면 좋겠다고 말해 왔습니다. 우리들은 과거 십년동안 아침 아홉시와 열한시에 바로 시카고의 중심지에서 성경강의를 해왔습니다. 저는 저녁에도 강의가 있기를 원하였습니다.

"글쎄요"하고 그는 말했습니다. "교회들이 교인들을 잘 활동하게 하고 있는데요. 에프워트 연합회와 청년회와 청년면려회가 있고 또 기독청년회(Young Men, Christian Association=Y.M.C.A)와 매주 기도회가 있지요. 저녁 강의가 제대로 될지 모르나 하여간 해 보겠습니다."

그래서 2년간 겨울에 저녁 성경반을 만들었습니다. 그랬더니 계속적인 평균 출석수는 5백명이었습니다. 그리고 시카고에 왔던 세상 유혹들이 이 사람들을 빼앗아 갈 수 있었던 것은 하나도 없었습니다. 이것은 크게 성공하여서 시카고시의 목사 몇 사람이 "우리

교회에서도 가질 수 없을까요?"하고 물었습니다. 이것보다 더 좋은 말은 저에게 없었습니다. 그래서 다음 겨울에는 시카고시의 다섯 구역에서 유사한 강의를 하게 되었는데 1년을 통해 평균 출석수가 2천 7백명이나 되었습니다. 지난 겨울의 요구는 어느 때보다 컸습니다.

그리고 10월부터 5월까지의 평균 인원수는 약 6천명이 매주 하나님의 말씀을 듣기 위해 모였습니다. 저는 하나님이 당신의 사업을 부흥시킬 때는 사람들을 성경으로 돌아가게 하신다고 믿습니다. 사람들은 이런 재미없는 논쟁에 진저리를 내고 있습니다. Sam Jones의 모토는 "너의 야비함을 버려라" 였습니다. 저는 이 나라 목사들의 모토는 "싸움을 다 걷어 치우고 일하러 돌아가라. 그리고 단순한 복음을 전하라"라는 것이 되었으면 좋겠습니다. 이제 문제되는 것은 우리들이 커다랗고 힘센 수확을 걷을 것인가 그렇지 않으면 우리들의 차이점 만을 가지고 계속 논의만 할 것인가 입니다. 저는 이 문제에 이제는 진절머리가 나고 있으며 제가 죽기전에 모든 교회가 1857년 모양으로 활기를 띠며, 메인주에서부터 캘리포니아주에 이르기까지 수천명을 하나님의 나라로 몰아넣는 커다란 파동을 보고 싶습니다. 어째서 안 될 리가 있을까요?

이 사업에 관한 얘기는 계속되는 것이 아닙니다. 오순절은 아직 지나지 않았습니다.

1857년의 신앙부흥 역시 아직도 지나지 않은 것입니다. 우리들의 교회에 있는 가장 좋은 사람들은 1857년에 끌리어 나온 사람들입니다. 어째서 우리가 이 20세기가 더 지난 말엽에 하늘로부터의 커다란 충동과 힘센 파동을 가지지 못하겠습니까? 여러분은 이것을 막는 일을 하고 있는 것이 있습니까?

chapter 02

참 사랑의 증거

하나님이 그 아들을 세상에 보내신 것은 세상을 심판하려 하심이 아니요 그로 말미암아 세상이 구원을 받게 하려 하심이라(요한복음 3장 17절)

사도 요한이 '하나님은 사랑이시라' 고 말한 이 말씀의 의의를 만일 내가 사람들에게 이해시킬 수만 있다면 한 마디 말씀만으로도 온 세계를 두루 다니며 이 영광의 진리를 선포하고 싶습니다.

가령 당신이 어떤 사람을 사랑하고 있을 경우 당신이 그를 사랑하고 있다는 것을 그에게 확신시켜 줄 수 있을 때에 비로소 당신은 그 사람의 마음을 얻게 될 것입니다.

만일 우리가 그들에게 하나님이 사람들을 사랑하신다는 것을 참으로 믿게 할 수 있다면 우리는 수천 수만의 이웃들을 하늘나라에 인도할 수 있을 것입니다. 그러나 문제는 간단치 않습니다. 사람들은 하나님이 자기들을 미워한다고 생각하기 때문에 항상 하나님을 멀리 떠나서 살려고 합니다.

감명시킨 말씀

우리는 몇해 전에 시카고에 교회를 하나 세우고 사람들에게 하나님의 사랑을 가르치려고 무척 애쓴 일이 있었습니다. 그때 우리는 사람들의 마음속에 하나님의 사랑을 설교해도 깨닫지 못할 때에는 다시 어떻게 해서라도 그 마음을 감동시키기 위하여 "하나님은 사랑이시라"는 말씀을 써서 설교단 오른쪽 등잔불 위에 붙쳤습니다. 어느날 밤에 한 청년이 거리를 거닐던 중에 교회 안을 힐끔들여다 보다가 붙어 있는 그 말씀을 보았습니다. 그는 가련한 방탕자였습니다. "하나님은 사랑이시다? 천만에 하나님이 나를 사랑할 리가! 나는 이런 가련한 죄인인데"하고 혼자 중얼 거렸습니다.

그는 그 말씀을 잊어버리려고 하였습니다. 그러나 그 말씀은 바로 그의 눈앞에 불꽃같은 활자로 뚜렷이 나타나 보였습니다. 그러나 그는 모르는 체 하며 그대로 얼마 더 걸어 가다가 멈칫 거리더니 도로 돌아와서 그 집회에 참석하였습니다. 비록 설교를 듣지는 않았으나 짧은 그 말씀이 마음 속 깊이 새겨졌고 모든 것은 그것으로 충족하였습니다. 하나님의 말씀이 죄인의 마음속에 들어만 가면 사람들이 무슨 말을 하여도 상관이 없는 것입니다. 그는 그 집회가 다 끝난 후에도 떠날 줄 몰랐습니다. 그는 어린애처럼 눈물을 흘리고 있었습니다. 나는 성경을 펴고 그에게 다음과 같이 말하여 주었습니다.

"비록 당신은 멀리 방황하고 있었지만 그동안 하나님은 항상 당신을 사랑하셨고 당신의 죄를 용서해 주시려고 당신이 돌아오기를 얼마나 기다리셨는지 알 수 없었을 것입니다" 그가 내 말을 듣던 순간에 복음의 빛은 그의 마음을 비추이고 그는 기뻐 뛰며 돌아갔습니다.

세상에서 사랑한다는 말보다 귀한 것은 없습니다. 여기에 아무도 자기를 돌보아 주거나 사랑해 주지 않는다고 생각하는 사람이 있으면 나에게 알려 주십시오. 그러면 나는 이 땅에서 가장 비참한 인간을 그에게 보여 드릴 것입니다. 왜 사람들은 자살할까요? 그것은 흔히 아무도 자기를 사랑하지 않는다는 생각에 사로잡힌 까닭입니다. 그래서 그들은 삶보다 죽음을 택합니다. 성경중 "하나님은 사랑이시라"는 말씀은 가장 우리 마음속을 감격시키고, 방탕의 길에서 집에 돌아오게 하는 가장 힘 있고 따뜻한 진리의 말씀으로 쓰여져 있는 동시에, 한편 사단은 이 하나님의 사랑을 빼앗아 버리길 가장 좋아하는 마귀라는 것도 기록되어 있습니다. 6천년 이상 사단은 사람들에게 하나님은 저희를 사랑하지 않는다고 설복시키려 하였습니다. 그는 우리 최초의 선조들로 하여금 이 거짓말을 믿게 하는데 성공하였고 때때로 그 후손들에게 성공하였습니다.

하나님은 우리를 어떠한 때에 사랑하시는가?

하나님이 우리를 사랑하지 않으신다는 생각은 잘못 배운데서 가끔 오는 것입니다.

어머니들은 어린이들을 가르칠 때, 그들이 착한 일을 하였을 때만 하나님께서 사랑하시고, 나쁜 일을 하면 하나님이 그들을 사랑하지 않는다고 일러 준다면 그것은 잘못입니다. 성경에서는 이와 같이 가르치지 않았습니다. 당신은 당신의 아이가 잘못하였을 때 나는 너를 미워한다고 가르치지 않으실 것입니다. 아이들이 잘못을 했다고 당신의 사랑이 미움으로 변하지는 않을 것입니다. 만일 그렇다면 당신은 날마다 당신의 사랑을 변하게 하지 않을 수 없을 것입니다. 왜냐하면 당신의 아이가 심술궂거나 불순종한다 해서 그를 당신의 아이가 아닌 것처럼 내어 쫓지는 않기 때문입니다. 그 아이는 그래도 여전히 당신의 것이며 당신은 그 아이를 사랑합니다. 마찬가지로 만일 사람들이 하나님을 멀리 떠나 방황한다 해도 하나님은 그들을 미워하지는 않으십니다. 하나님이 미워하시는 것은 죄뿐입니다.

많은 사람들이 하나님은 나를 사랑하지 않으실 거라고 믿는 이유는, 그들이 하나님을 각자의 작은 척도로 재어보고 있기 때문에 제각기 자기 입장과 같이 생각하는 까닭이라고 나는 믿습니다. 사랑을 할 만한 가치가 있다고 생각되는 사람만을 우리는 사랑하고 그렇지 못하다고 생각 할 때는 그들을 버리고 맙니다. 그러나 하나님은 그러시지 않으십니다. 인간의 사랑과 하나님의 사랑의 커다란 차이는 바로 여기에 있습니다.

하나님의 사랑의 범위

에베소서 3장 18절에서 우리는 하나님의 사랑의 넓이와 길이와 높이와 깊이를 배웠습니다. 그래서 대부분 우리들은 하나님의 사랑에 관해서 무엇인가를 안다고 생각합니다. 그러나 앞으로 수세기를 걸쳐서 생각하여도 이에 대하여 더 많이 알 수 없을 것입니다.

콜럼버스는 미대륙을 발견하였습니다. 그러나 과연 그가 미국에 있는 큰 호수나 강이나 숲이나 미시시피강 골짜기 등에 대하여 무엇을 알았습니까? 그는 자기가 발견한 것에 관하여 자세한 것을 알지 못하고 죽었습니다.

그와 마찬가지로 우리들 가운데 많은 사람들이 하나님의 사랑에 대하여 무엇인가를 발견하였지만 우리가 모르는 높이와 깊이와 길이가 또한 있는 것입니다. 그 사랑은 큰 대양과 같아서 우리가 그것에 관한 무엇인가를 실제로 알기도 전에 속으로 뛰어 들려고 합니다. 파리의 로마 가톨릭 대주교는 그가 투옥되어 사형선고를 받고 사형장에 끌려 나오는 순간에 감방 창문이 십자가의 형상으로 나타나 보였습니다. 그는 그 십자가 위에는 “높이” 아래에는 “깊이” 양팔 끈에는 “길이”라고 썼습니다. 그는 과연 “영광의 주님이 달려 죽으신 놀라운 십자가를 내가 볼 때에…”라는 찬송가의 진리를 체험하였습니다.

우리가 하나님의 사랑을 알려고 한다면 우리는 갈보리 산으로 가야 할 것입니다. 과연 우리가 그 십자가에 못박히는 광경을 보고도 하나님이 우리를 사랑하지 않는다고 할 수 있겠습니까? 그 십자가가 그대로 하나님의 사랑을 말하고 있습니다. 그 십자가에서 가르쳐 주는 하나님의 사랑보다 더 큰 사랑을 우리는 배울 수가 없습니다. 하나님이 그리스도를 내어 보내신 것은 무슨 까닭이겠습니까? 그리고 십자가에까지 못 박으시게 한 것은 또한 무슨 까닭이 있겠습니까? 그것이 사랑이 아니었을까요? "사람이 자기 친구를 위하여 목숨을 버리면 이에서 더 큰 사랑이 없나니" 하셨는데, 예수는 원수를 위하여 그의 생명을 버리셨으며 예수는 자기를 미워하는 자들을 위하여 생명을 던졌습니다. 그렇기 때문에 십자가의 정신과 갈보리의 정신이 곧 사랑입니다. 사람들이 그를 조롱하고 비웃을 때 그는 무엇이라고 말씀하셨습니까? "아버지여! 저희들을 용서하여 주옵소서. 저들은 저들이 하는 일이 무엇인지를 알지 못함이로소이다"라고 하셨습니다. 이것이 곧 사랑입니다. 그는 하늘로부터 불을 내려다가 저들을 불사르지 않으셨습니다. 오직 그의 마음 속에는 사랑 이외는 아무 것도 없었습니다.

하나님의 사랑은 불변한다

여러분, 성경을 공부하면 하나님의 사랑은 불변이라는 것을 알게 될 것입니다. 한때 당신을 사랑하던 사람들이 차차 애정이 식어져서 당신으로부터 멀리 떠나갔다고 하면 아마 그들의 사랑이 미움으로 변한 것이라고 하겠습니다. 그러나 하나님의 사랑은 그렇지 않습니다.

예수 그리스도께서 그의 제자들과 헤어져 갈보리 산으로 향하실 무렵에 "세상에 있는 자기 사람들을 사랑하시되 끝까지 사랑하시니라"고 말하였습니다.

예수님은 제자중에 한 명이 자기를 팔리라는 것을 알았으면서도 그저 유다를 사랑하셨습니다. 또 제자 중에 한 사람이 예수를 부인하여 모른다고 맹세할 것도 알으셨습니다. 그래도 그는 베드로를 사랑하셨습니다. 베드로에게 가졌던 예수님의 사랑은 베드로를 감동시켰으며 그로 하여금 주님 앞에 돌아와 그의 발 앞에 엎드려 회개하게 하였습니다. 예수님은 3년 동안 그의 생활과 말로만 아니라 실행하심으로써 당신의 사랑을 제자들에게 가르치려고 힘썼습니다. 그리하여 그가 배반을 당하던 마지막 날 밤에 대야에 물을 뜨고 수건을 허리에 두르시고 친히 종의 몸이 되셔서 제자들의 발을 씻어 주셨습니다. 이는 당신의 변함없는 사랑을 제자들에게 확신시키려던 것입니다.

나는 요한복음 14장 만큼 자주 읽는 성경 구절은 없습니다. 그 말씀이 나에게는 가장 기쁨을 주기 때문입니다. 이것을 읽을 때 조금도 괴로운 줄 모릅니다. 예수님이 제자들을 중심으로 하신 말씀을 들어 보십시오.

"그 날에는 내가 아버지 안에, 너희가 내 안에, 내가 너희 안에 있는 것을 너희가 알리라 나의 계명을 지키는 자라야 나를 사랑하는 자니 나를 사랑하는 자는 내 아버지께 사랑을 받을 것이요 나도 그를 사랑하여 그에게 나를 나타내리라"(요한복음 14장 20-21절) 여러분과 나를 극진히 사랑하시고 천지만물을 창조하신 그 위대한 하나님을 생각해 보십시오! "예수께서 대답하여 이르시되 사람이 나를 사랑하면 내 말을 지키리니 내 아버지께서 그를 사랑하실 것이요 우리가 그에게 가서 거처를 그와 함께 하리라"(요한복음 14장 23절) 하셨습니다.

하나님과 그 아들이 우리를 이처럼 사랑하사 우리에게 와서 함께 살기를 원하신다는 진리의 말씀은 우리의 연약한 마음으로도 능히 깨달을 수가 있습니다. 그저 하룻밤을 유하고 가시는 것이 아니라 오셔서 우리 마음속에 영원히 계시겠다는 말씀입니다.

우리는 다른 또 하나의 놀라운 구절을 요한복음 17장 23절에서 볼 수 있습니다.

"곧 내가 그들 안에 있고 아버지께서 내 안에 계시어 그들로 온전함을 이루어 하나가 되게 하려 함은 아버지께서 나를 보내신 것과 또 나를 사랑하심 같이 그들도 사랑하신 것을 세상으로 알게 하려 함이로소이다" 이것은 예수님이 하신 말씀 중에도 가장 유명한 말씀입니다.

하나님은 그를 사랑해서는 안 될 하등의 이유가 없습니다. 예수님은 죽기까지 복종의 길에서 털끝 만큼도 벗어나지 않으셨습니다. 우리 생각과 아주 다른 것은 우리가 그렇게도 반역하고 어리석은 데에도 불구하고 예수를 믿기만 하면 하나님은 그 아들을 사랑하신 것같이 사랑해 주시겠다고 말씀하신 것입니다. 위대하신 사랑! 놀라우신 사랑! 하나님이 그 아들을 사랑하시듯 우리를 사랑하신다 함은 너무도 반가운 언약입니다. 이것이 곧 예수 그리스도의 교훈입니다. 죄인에게 이 불변의 하나님의 사랑을 알게 한다는 일은 어려운 것입니다.

사람은 저들이 하나님으로부터 멀리 떠나 방황할 때에 하나님께서 저들을 미워 하시는 줄로 생각합니다. 그러므로 우리는 죄와 죄인을 구별해야 합니다. 하나님은 죄인을 사랑하시나 죄는 미워하십니다. 왜냐하면 죄는 인간의 생명을 파괴하기 때문입니다. 하나님이 죄를 미워 하시는 것은 그가 죄인을 사랑하기 때문입니다.

하나님의 사랑은 틀림없다

하나님의 사랑은 불변할 뿐만 아니라 어기는 법이 없습니다.

이사야서 49장 15-16절을 보면 이런 구절이 있습니다. “여인이 어찌 그 젖 먹는 자식을 잊겠으며 자기 태에서 난 아들을 긍휼히 여기지 않겠느냐 그들은 혹시 잊을지라도 나는 너를 잊지 아니할 것이라 내가 너를 내 손바닥에 새겼고 너의 성벽이 항상 내 앞에 있나니" 우리가 아는 바 가장 큰 인간의 사랑은 어머니의 사랑입니다. 여러 가지 사정으로 남편과 부인은 이별합니다. 아버지가 아들을 내어 쫓고 골육의 형제자매가 서로 원수가 되고 남편은 그의 아내를 아내는 그의 남편을 내 버리고 맙니다. 그러나 어머니의 사랑은 모든 것을 견디어 냅니다. 행운이 있을 때나 악운이 닥칠 때나 세상에서 버림받은 경우에도 어머니는 사랑하며 그의 아들이 잘못된 길에서 돌아서며 회개할 것을 바라는 것입니다. 어머니는 갓난아기 때에 방긋방긋 웃던 웃음, 어릴 때의 희망 등으로 훌륭하게 되겠다던 것을 기억하고 절대로 그의 아이들이 보잘 것 없는 인간이라고 생각되지 않습니다. 죽음으로서도 어머니의 사랑을 끊을 수 없습니다. 어머니의 사랑은 죽음보다 강한 까닭입니다.

여러분은 어떤 어머니가 그의 앓는 아이를 간호하는 것을 본 일이 있을 것입니다.

만일 어머니가 그 병을 자기가 대신 앓고서라도 어린 아기의 병을 회복시킬 수만 있다면 얼마나 기뻐하며 그 길을 택하겠습니까? 몇 주일이고 그는 간호합니다. 그리하여 어머니는 다른 어떤 사람에게도 그 앓는 아이를 돌보라고 내놓지 않을 것입니다.

이는 내 아들이다 나는 아직도 사랑한다

얼마 전에 내 친구 한 사람이 아름다운 한 가정을 방문하였는데 거기서 그는 여러 친구들을 만났습니다. 친구들이 모두 가버린 후에 무엇인가 잊어버리고 온 물건이 있어서 그것을 가지러 다시 돌아갔습니다. 그런데 거기서 그 부잣집 부인이 나그네처럼 보이는 한 초라한 사람 뒤에 앉아 있는 것을 보았습니다. 그런데 그는 바로 그 부인의 아들이었습니다. 그는 탕자처럼 멀리 유랑하다가 돌아왔는데 어머니는 "이게 내 아들입니다. 그저 나는 사랑하지요"라고 말하였습니다. 10남매나 되는 아이들을 가진 어머니가 또 하나의 잘못된 아들을 위하여 나머지 애들보다 더 사랑하는 것처럼 보입니다.

언젠가 뉴욕에 있는 한 유명한 목사가 나에게 아주 좋지 못한 성격을 가진 어떤 아버지에 대하여 말한 적이 있습니다. 어머니는 아버지의 나쁜 행실이 아들에게 물들지 않게 하려고 갖은 애를 다 썼습니다. 그러나 아버지의 영향이 더 커서 아들은 온갖 죄악 속에 끌려 들어가 마침내는 흉악한 범죄자가 되고 말았습니다. 그는 살인을 하고 재판을 받게 되었습니다. 과부가 된 어머니는(아버지는 이미 죽고) 재판이 끝날때까지 재판정에 앉아 있었습니다. 증인들의 말은 아들보다도 어머니를 더 괴롭히는 것 같았습니다.

그가 유죄 판결을 받고 사형이 언도 되었을 때 모든 사람은 그 선고가 옳다고 그 결과를 만족해 하는듯 하였습니다. 그러나 어머니의 사랑은 결코 동요되지 않았습니다.

그는 사형집행 유예를 요청하였으나 거절당했습니다. 기어이 사형집행이 끝나 어머니는 시체를 달라 했지만 그것도 거절당했습니다. 관례에 의하여 시체는 형무소 묘지에 매장되었습니다. 얼마 후에 어머니도 죽었습니다. 바로 죽기 전에 어머니는 자기 시체를 아들 옆에 묻어 달라고 유언하였습니다. 그 어머니는 살인범의 어머니로 알려지는 것을 조금도 부끄럽게 여기지 않았습니다.

스코틀랜드에 어떤 젊은 여인에 관한 이런 이야기가 있습니다. 그 여인은 자기 집을 뛰쳐나와 그라스고우라는 마을의 방랑객이 되었습니다. 그의 어머니는 사방으로 그 여인을 찾아 다녔으나 허사였습니다. 마침내 그 어머니는 타락한 여자들을 회개시키는 야간전도 회관 벽에 자기의 사진을 걸게 하였습니다. 그러자 많은 사람들이 지나가면서 그 사진을 힐끔 쳐다보곤 하였습니다. 어느날 어떤 한 소녀가 그 사진 곁을 떠나지 않고 있었어요. 그 사진에는 그녀의 어린 시절에 늘 모시던 사랑스러운 어머니의 얼굴이 있었습니다. 그 어머니의 모습은 그녀의 마음을 흔들어 놓았습니다. 그 소녀는 진심으로 회개하여 부끄러움과 황송한 마음으로 집으로 돌아왔습니다. 그리하여 어머니와 딸은 전보다 더 다정하게 살았습니다.

하나님의 사랑은 어머니의 사랑을 능가한다

이제 제가 여러분께 말하고 싶은 것은 어떠한 어머니의 사랑도 하나님의 사랑에는 견줄 바 못 된다는 것입니다. 하나님의 사랑은 그 높이, 혹은 깊이를 측량할 수 없습니다. 이 세상의 어떤 어머니가 아무리 그 아들을 극진히 사랑한다 해도 하나님이 여러분과 나를 사랑하시는 것만큼 크지 못합니다. 우리를 구원하시고자 하나님이 그의 독생자를 죽게 하신 그 사랑을 생각해 보십시오. 그런데 나는 하나님을 생각하는 것보다 훨씬 더 많이 그리스도를 생각하곤 합니다. 웬일인지 하나님은 한 엄격한 재판관이라는 생각을 갖게 되고, 예수님이 하나님과 나 사이에 오셔서 하나님의 진노를 진정시키셨다고 생각하게 됩니다. 그러나 내가 후에 아버지가 되고 오랫동안 외아들을 데리고 살 때에 나의 아들을 쳐다보면서 비로소 성부께서 그 아들을 죽음으로 내어주는 그 사랑이 더 크다는 것을 깨달았습니다.

오! 세상 사람들을 위해 그의 아들까지 죽음으로 내어 주신 하나님의 그 사랑이여! "하나님이 세상을 이처럼 사랑하사 독생자를 주셨으니 이는 그를 믿는 자마다 멸망하지 않고 영생을 얻게 하려 하심이라"(요한복음 3장 16절) 저는 이 구절을 가지고 설교 할 수 없습니다. 다만 인용하는데 그치고 그냥 지나가 버렸습니다. "하나님이 세상을 이처럼 사랑하사"라는 말씀의 깊이를 잴 수 있는 사람이 있을까요? 우리는 그 사랑의 높이와 깊이를 결코 잴 수 없습니다. 바울은 기도할 때에 하나님의 사랑의 높이, 길이, 깊이 그리고 넓이를 알 수 있게 해달라고 하였으나 알 수 없었습니다. 그 사랑은 "지식에 넘치는 것"이었습니다(에베소서 3장 19절).

예수님의 십자가는 하나님의 사랑을 말한다

예수님의 십자가처럼 하나님의 사랑을 밝히 말해주는 것은 없습니다. 나와 함께 갈보리로 가서 못 박혀 달린 하나님의 아들을 쳐다봅시다. 여러분은 예수님이 숨을 거두시는 순간에 그 입에서 나온 그 비통한 말씀을 듣습니까? "아버지여 저희를 사하여 주옵소서. 자기의 하는 것을 알지 못함이니이다!"고 하셨습니다. 그런데도 불구하고 여러분은 그가 우리를 사랑하지 않는다고 하십니까? "사람이 친구를 위하여 자기 목숨을 버리면 이보다 더 큰 사랑이 없나니"(요한복음 15장 13절)라는 말씀이 있으나 그리스도는 원수를 위하여 자기 목숨을 버리셨습니다.

다시 생각해 보면 하나님은 우리가 하나님을 생각하기 훨씬 이전에 우리를 사랑하셨습니다. 우리가 먼저 하나님을 사랑하지 않으면 그는 우리를 사랑해 주지 않는다는 말씀은 성경속에서 찾아볼 수 없습니다. 요한1서 4장 10절에 이런 말씀이 있습니다. "사랑은 여기 있으니 우리가 하나님을 사랑한 것이 아니요 하나님이 우리를 사랑하사 우리 죄를 속하기 위하여 화목제물로 그 아들을 보내셨음이라" 우리가 그를 사랑하고자 생각조차 하기 전에 그가 우리를 사랑하셨습니다. 여러분은 자녀들이 부모의 사랑을 깨닫기 이전부터 그들을 사랑하는 것처럼, 하나님은 오래전 우리가 생각조차 없을 때부터 우리를 보살펴 주셨던 것입니다.

탕자를 집에 돌아오게 한 것은 무엇일까요? 그것은 역시 아버지가 그를 사랑하였다는 것이었습니다. 생각해 보세요. 만일 그를 버린바 되고 그의 아버지는 그 이상 더 근심하지 않고 계시다는 소식이 있었던들 그가 돌아왔을까요? 결코 아닙니다. 그러나 그의 아버지가 그를 아직도 사랑하고 계시다는 생각이 그의 눈앞에 밝아 왔던 것입니다. 그래서 그는 용기를 내어 집으로 돌아왔습니다. 사랑하는 독자 여러분! 하나님의 사랑이 아담의 비극과 범죄로 나타났으니 어찌된 일일까요? 아담이 과오를 범했을 때에 하나님이 내려오셔서 그에게 자비스러운 사랑으로 대하셨으나 아담이 그저 거역한 때문입니다. 만일 누구든지 하나님의 사랑에서 떠난다면 그것은 하나님의 사랑이 없어서가 아니라 다만 그가 하나님의 사랑을 거역하기 때문입니다.

하늘 나라를 그립게 하는 것은 무엇인가?

하늘 나라에는 진주의 문이 있거나 황금의 길이 깔려 있을까요?

아닙니다. 하늘나라는 우리 마음을 끄는 힘이 있습니다. 왜냐하면 독생자로 하여금 우리를 위해서 죽게까지 하신 위대한 사랑의 하나님을 볼 수 있기 때문입니다. 가정이 왜 우리의 마음을 끌만큼 매력을 줍니까? 아름다운 가구나 정돈된 방 때문일까요? 아닙니다. 때로는 이런 집은 하얀 무덤과도 같은 것입니다.

브로클린에서 어떤 어머니가 죽어가고 있었습니다. 그녀에게는 어린 자식이 한 명 있었는데, 어머니가 병에 걸려 있는 것도 알지 못하고 어머니를 괴롭히기 때문에 떼어 놓지 않으면 안되었습니다. 그 아이는 어머니의 곁으로 가고 싶어 매일 저녁 동네 집에서 울다가는 잠들곤 하였습니다. 그러나 어머니의 병환은 점점 중해져서 집에 데려다 줄 수가 없었습니다.

마침내 그 어머니는 죽었습니다. 그 후 사람들은 그 어린아이에게 관 속에 있는 어머니의 시체를 보여 주는 것이 좋지 못한 일이라고 생각했습니다. 장례를 치른 후 그 어린이는 방안에 들어와서 "엄마! 엄마!" 불러 댔으나 보이지 않아서, 이번에는 이 방에서 저 방으로 더 큰 소리로 "엄마! 엄마!"하며 온 집안을 찾아 헤매었습니다. 그 어린 아이는 끝내 사랑해 준 어머니를 찾지 못하였을 때 이웃 사람에게 어머니를 찾아내라고 울어댔습니다.

이와 같이 우리가 하늘나라를 그리워하게 되는 것은 우리를 사랑하시고 그 목숨을 내어 던지신 예수님을 보고자 하는 생각 때문입니다. 만일 여러분이 하나님께서 왜 우리를 사랑하실까 하고 물으신다면 저는 대답할 수 없습니다. 다만 하나님은 진실하신 아버지이신 까닭이라고 상상합니다. 빛을 발하는 것이 태양의 본성인 것처럼 사랑하는 것이 하나님의 본성이십니다. 하나님은 그 사랑을 여러분이 다같이 나누어 받을 것을 원하십니다.

여러분! 믿음이 없어서 하나님을 멀리해서는 안됩니다. 당신이 죄인이라고 해서 하나님은 당신을 사랑하지도 않고 돌보지도 않는다고 생각해서는 안됩니다. 그는 언제나 사랑하십니다. 당신을 구원하시고 축복하시기를 원하십니다. "우리가 아직 연약할 때에 기약대로 그리스도께서 경건하지 않은 자를 위하여 죽으셨도다"(로마서 5장 6절) 이 말씀이 하나님께서 여러분을 사랑하신다고 확신시키기에 충분치 않습니까? 그가 사랑하지 않으셨더라면 그는 돌아가시지 않았을 것입니다. 당신의 마음이 너무 완악하여서 그 사랑을 배반하며 그것을 비웃고 경멸할 수가 있었던가요? 당신은 그렇게 할 수도 있을 것입니다. 그러나 그것은 당신의 파멸의 길이 되는 것입니다.

어떤 사람들은 혼자 이렇게 말할 것이라고 생각합니다. "그것은 그럴거야. 우리가 하나님의 사랑을 믿지만 그것은 우리가 그를 사랑할 때 만이고 또 순결하고 거룩한 사람만을 사랑하시겠지!" 할 것입니다. 여러분! 나는 이렇게 말하고자 합니다. 즉 하나님은 순결하고 거룩한 사람만을 사랑하시지 않고 하나님을 믿지 않는 자도 사랑하십니다. "우리가 아직 죄인 되었을 때에 그리스도께서 우리를 위하여 죽으심으로 하나님께서 우리에 대한 자기의 사랑을 확증하셨느니라"(로마서 5장 8절) 하나님께서 예수 그리스도를 보내시어 온 세상의 죄를 대신하여 죽게 하셨습니다. 따라서 당신이 이 땅 위의 백성인 이상 그리스도께서 십자가 위에서 나타내신 이 사랑을 위하여 당신은 책임과 의무를 가지게 되는 것입니다.

「촬리 로쓰」의 납치

성경 말씀에 제가 많이 묵상하는 다음과 같은 구절이 있습니다. "우리를 사랑하사 그의 피로 우리 죄에서 우리를 해방하였다" 이 말씀은 하나님이 먼저 우리를 깨끗이 한 후에 우리를 사랑하신다는 것이 아니고 먼저 사랑하셨다는 것입니다. 여러해 전의 이야기입니다. 네살 난 촬리 로쓰 사건으로 인해 전국이 굉장히 떠들썩했던 일이 있었습니다. 두 바퀴 마차를 타고 가던 어떤 두 사람이 그 아이와 형을 보고 사탕이 먹고 싶지 않느냐고 물었습니다. 아이들이 다가서자 형은 놔두고 동생만 실고 달아났습니다. 그 후 여러해 동안 방방곡곡을 수색하였습니다. 사람들은 어린아이를 찾으려고 영국, 프랑스, 그리고 독일까지 건너가서 찾았으나 허사였습니다. 그 후 어머니는 그래도 오래 전에 잃어버린 촬리를 보게 되리라는 희망을 가지고 살아왔습니다.

자 여러분! 만일 촬리 로쓰의 어머니가 어떤 집회에 참석했다고 상상해 보십시오. 그녀가 설교를 듣고 있을 때에 우연히도 청중 가운데 오래 전에 잃은 아들을 발견하였으나 그가 가련하고 더럽고, 헐벗고, 신도, 상의도 걸치지 않았다고 한다면 어머니는 어떻게 했을까요? 그녀는 그 아들이 깨끗이 씻고 점잖게 옷을 차려 입을 때까지 기다렸다가 비로소 그를 아는체 했을까요? 아닙니다. 그녀는 당장에 그 앞으로 뛰어나가 그에게 달려가서 그 팔에 끌어 안을 것입니다. 그 후에 그는 깨끗이 씻겨 옷을 입힐 것입니다.

하나님은 우리를 사랑하셨고 그리고 깨끗이 씻어 주셨습니다. 이렇게 말하는 사람이 있으리라 생각합니다. "만일 하나님이 나를 사랑하신다면 왜 나를 좋은 사람으로 만들지 않으셨을까요?" 하나님은 그 자녀들이 하늘 나라로 올 것을 원하십니다. 그는 기계나 노예같은 것을 좋아하지 않으십니다. 그는 우리의 완고한 마음을 깨뜨릴 수 있습니다. 그러나 그는 사랑의 줄을 가지고 우리를 그에게로 끌어 당기기를 원하십니다. 그리고 여러분이 그와 함께 어린 양의 혼인 잔치에 참석하여 여러분을 씻어주고 눈보다도 희여지게 할 것을 바라고 있습니다. 또 그는 여러분이 축복받은 하늘 나라의 보석 길을 함께 걸어갈 것을 원하십니다. 그는 여러분을 한 가족으로 삼고 하늘 나라의 아들 딸로 만들고 싶어 하십니다. 그런데 여러분은 하나님의 사랑을 발로 문질러 버리려 합니까? 그렇지 않으면 이 시간에 여러분 자신을 하나님께 바치려 하십니까?

어머니의 손길

처참한 남북전쟁이 한창이었을 때의 일입니다. 한 어머니가 자기 아들이 최전방 일선에서 부상을 당했다는 소식을 들었습니다. 그 어머니는 일반 민간인들의 출입이 엄금되어 있는 일선을 향해 새벽기차를 타고 부상당한 자기 아들을 면회하러 갔습니다. 어머니의 사랑은 금지명령 따위는 문제가 되지 않았고 눈물은 그만 어머니의 최전방행의 간절한 마음을 지배하고 말았습니다. 그리하여 의사를 만나 "의사 선생님 제 아들의 병실을 안내해 주세요. 저로 하여금 내 아들의 간호를 하게 해 주세요"하고 간청했습니다. 그러나 의사는 대답하기를 "나는 당신의 아드님을 방금 잠을 재우고 왔는데요. 아드님의 부상은 대단히 위험한 상태에 있으니 당신의 아드님을 깨우는 날엔 큰 자극을 주게 되고 죽게 될지 모르겠습니다. 좀 기다리는 것이 좋겠습니다. 제가 아드님께 어머니가 와 계시다는 것을 천천히 말해 드릴테니 그 때까지는 그대로 두시는 것이 좋겠습니다"라고 말했습니다. 어머니는 의사의 표정을 살피더니 "의사 선생님 제 아들이 잠에서 깨지 못하고 죽게 되지나 않을까요? 살아서 꼭 봐야겠습니다. 저를 아들 옆에 가서 간호하게 해 주세요. 정말 아무 말도 걸지 않을 테니까요"라고 간청했습니다. 의사는 그만 "당신이 절대로 말을 걸지 않겠다면 그렇게 해도 좋습니다"라고 허락했습니다.

어머니는 아들의 침대로 가서 얼굴을 물끄러미 들여다 보았습니다. 어머니는 얼마나 아들을 보고 싶어 했을까요? 아들 곁에 바짝 다가 앉아서 그만 아들의 손을 잡지 않고는 견딜 수 없어 그 부드럽고 사랑스러운 손을 아들의 이마에 얹어 놓았습니다. 손이 이마에 닿는 순간 그는 눈을 감은채 "어머니께서 오셨군요!"하고 감격어린 목소리로 외쳤습니다. 아들은 어머니의 사랑의 손의 감각을 알았습니다. 거기에는 아들에 대한 사랑과 열정이 있었기 때문이었습니다.

예수님의 온유하심

온 죄인이여, 만일 당신이 예수님의 사랑을 체험한다면 신은 그 온유하심이 가득 차 있다는 것을 깨달을 것입니다. 세상 사람들은 당신을 불친절하게 대할지 모르나 그리스도는 결코 그렇지 않습니다. 이 세상에서 예수님보다 더 좋은 친구를 가질수가 없을 것입니다. 당신이 필요한 것은 당장 오늘 그에게로 돌아가는 것입니다. 그의 사랑스러운 손길이 당신 머리 위에 있게 하시오. 그러면 그는 당신을 전능하신 힘으로 붙들어 주실 것입니다. "어떻게 내가 하나님께로 갈 수 있을까?" 걱정하지 마십시오. 당신이 어머니에게로 가는 것과 조금도 다를 것이 없습니다. 당신은 당신의 어머니에게 크게 상심시키거나 큰 잘못을 저지른 적이 있었나요? 그런 일이 있다면 어머니께 가서 "어머니! 날 용서해 주세요"하고 말하세요. 그리스도에게도 꼭 그와 같이 하십시오. 오늘 그에게로 가서 여지껏 사랑하지 않았고 올바르게 섬겨 오지 못했다는 것을 말씀 드리고 당신의 죄를 고백하십시오. 그러면 그리스도께서 당신을 당장에 축복해 주시는 것을 볼 수 있습니다.

chapter 03

현대인과 변화산의 역사

흘연히 빛난 구름이 그들을 덮으며 구름 속에서 소리가 나서 이르시되 이는 내 사랑하는 아들이요 내 기뻐하는 자니 너희는 그의 말을 들으라 하시는지라 제자들이 듣고 엎드려 심히 두려워하니(마태복음 17장 5-6절)

그리스도와 함께 변화산에 있었던 네 제자 중 요한만이 마태복음 17장 5~6절에 대해서 기록하지 않았다는 것은 이상한 사실입니다. 아마도 그 이유는 그 광경이 너무도 장엄하고 너무나도 인상깊고 너무나도 거룩했기 때문에 그것을 적지 못할 만큼 충격을 받아서 그렇지 않나 봅니다. 베드로 그도 역시 참예자였습니다만, 그도 우리에게 전해지는 그의 편지에서 이에 대하여 거의 언급하지 않았습니다. 그의 단 하나의 그 광경에 대한 언급은 그가 아주 노인이 된 훨씬 후에 쓰여진 두 번째 편지에 있습니다.

"우리 주 예수 그리스도의 능력과 강림하심을 너희에게 알게 한 것이 교묘히 만든 이야기를 따른 것이 아니요 우리는 그의 크신 위엄을 친히 본 자라 지극히 큰 영광 중에서 이러한 소리가 그에게 나기를 이는 내 사랑하는 아들이요 내 기뻐하는 자라 하실 때에 그가 하나님 아버지께 존귀와 영광을 받으셨느니라 이 소리는 우리가 그와 함께 거룩한 산에 있을 때에 하늘로부터 난 것을 들은 것이라"(베드로후서 1장 16~18절)

우리가 살아가는 동안에는 공개적으로 말하기를 꺼리는 장면이 있습니다. 하나님께서 너무나 우리 가까이 오셨기 때문에 우리가 그것을 남에게 말해도 이해하지 못하는 때가 있습니다. 그리스도께서 그의 변모에 대하여 그가 부활한 뒤까지 아무에게도 이야기하지 말라고 한 이유는, 그들이 그러한 계시를 체험했으리라고 사람들이 믿지 않으리라는 것이었다고 나는 믿습니다.

전후

이 놀라운 광경 직전에 무엇이 일어났고 또 어떤 일이 뒤에 생겼는가를 알아보는 것이 매우 좋습니다. 마태복음의 기사에 의하면 "이에 예수께서 제자들에게 이르시되 누구든지 나를 따라오려거든 자기를 부인하고 자기 십자가를 지고 나를 따를 것이니라 누구든지 제 목숨을 구원하고자 하면 잃을 것이요 누구든지 나를 위하여 제 목숨을 잃으면 찾으리라 사람이 만일 온 천하를 얻고도 제 목숨을 잃으면 무엇이 유익하리요 사람이 무엇을 주고 제 목숨과 바꾸겠느냐 인자가 아버지의 영광으로 그 천사들과 함께 오리니 그 때에 각 사람이 행한 대로 갚으리라 진실로 너희에게 이르노니 여기서 있는 사람 중에 죽기 전에 인자가 그 왕권을 가지고 오는 것을 볼 자들도 있느니라"(마태복음 16장 24~28절)라고 하였습니다.

그리고 그리스도는 그들을 산으로 데리고 올라가고 거기서 변모의 광경이 벌어집니다. 첫째로 십자가요, 그 다음에 변모요, 그 후에는 예배며 그들이 산에서 내려왔을 때에 그들은 마귀들린 아이를 만나게 되었습니다. 하나님이 시내산에서 모세에게 계명을 내리실 때 그곳에는 천둥과 번개가 있었으며 온 산이 연기에 가득 차 있었습니다. 왜냐하면 여호와께서 불 가운데서 그곳에 내려 오셨던 까닭입니다. 그 산을 건드렸던 것은 사람이건 짐승이건 무엇이고 간에 다 죽게 되어 있었습니다. 그러나 여기서 그리스도는 그의 사랑하는 제자 세 사람을 데리고 가사 영광과 평화로 그들 앞에 증거를 보여 주신 것입니다.

기도의 사람

예수는 베드로와 요한과 야고보와 함께 기도하러 산에 올라 가셨습니다. 그 산에서 만난 여섯 사람은 모두가 기도하는 사람이었습니다. 그리스도의 얼굴과 그의 옷이 변화하였던 것과 그리스도가 기도하시던 때였으며, 태양과 같이 빛나며 빛과 같이 희게 되었습니다.

그때 그곳에 모세와 엘리야 두 사람이 나타나서 그리스도와 이야기를 하였습니다. 우리들은 흔히 한 계절씩 기도를 하고 난 사람들이 용모가 달라지고 또 그들의 생활도 변화된 것같이 보여지는 사람들을 보아 왔습니다. 저는 모세가 40일간 영교를 하였을 때 그의 얼굴이 빛났던 것은 이런 이유라고 믿습니다. 우리들은 하나님과 같은 영광을 받지 않고는 참다운 하나님과의 영교를 가질 수 없습니다. 메이저 휫틀이 한때 스데반의 빛나던 얼굴에 관해서 언급한 일이 있은 후 앤드류 뽀나박사는 미국에 왔을 때 이렇게 말했습니다. "여러분은 유대인들이 스데반을 모세의 율법에 대한 모독이라고 비난하였을 때 하나님이 모세의 얼굴을 빛나게 하셨던 것과 똑같은 영광으로 스데반의 얼굴을 빛나게 하신 사실을 아십니까?" 사람들이 하나님과 영교를 하게 되면 하나님이 그들의 얼굴을 빛나게 하십니다.

유명한 회담

세계역사 중에는 유명한 회담이 몇 있습니다. 저는 링컨과 그랜트와 스티븐슨(남부 연방의 부통령과 그 외 한 두 사람)이 전쟁말엽에 조약의 합의를 보기 위해서 제임스강에서 만났던 때의 일들을 기억합니다. 온 나라가 이 회담의 결과를 듣고자 숨을 죽이고 있었습니다. 이 회담의 결과는 몇 해씩 두고 피 흘리며 낭비를 해온 이

나라의 장래를 위해 극히 중요한 것이었습니다. 저는 또한 1878년에 여러나라의 대표들이 동부문제를 조절하기 위해 백림에 모였을 때에 온 프랑스 땅이 흥분에 싸여 있었던 일을 기억합니다. 그 회담의 결과는 그 때 참석했던 나라에 대해 전쟁이냐? 평화냐?를 의미하는 것이었습니다.

이 19세기 초엽에 프랑스의 나폴레옹과 러시아의 알렉산더는 기나긴 피비린내 나는 전쟁 끝에 평화의 조문을 정하고 프랑스의 지도를 다시 제정하기 위해 만났습니다.

우리들이 듣기에는 그들은 쌍방의 위엄을 빼앗기지 않기 위해 대적하는 두 군대 사이에 놓여있는 강 한복판에서 만났다고 합니다. 그들은 자리를 많이 깔고 장식을 아름답게 한 웅장한 배를 만들고 장관이 뛰어난 곳에서 온 프랑스 사람들의 시선을 받으며 그 두 군주는 만났습니다.

우리들은 또 세계역사에 있어서 다른 중요하였던 회담을 상기할 수 있는데 그때에 그 나라들의 운명은 저울에 달려 있는 것과 같았습니다. 그러나 이 변화산상에서 있었던 것같이 중대한 회담은 열리지 않았습니다.

그곳에는 세속적인 회담모양으로 매혹적인 것이나 장관 같은 것은 없었습니다. 그러나 그 벌거숭이산이 다른 세계의 영광으로 인하여 빛이 났었습니다. 그곳에는 세상에서 높이 받들어 주고 명예롭게 해주는 자는 없었습니다.

그러나 그곳에는 바로와 애굽의 모든 신들보다도 더 위대하였던 모세가 있었으며, 아합과 바알의 모든 선지자들 보다도 더 강하였던 엘리야가 있었으며, 온 세계를 포섭하게 될 기구의 창설자가 될 베드로와 야고보와 요한이 있었으며, 왕 중의 왕이시며 주님 중에 주님이신 하나님의 아들이 그곳에 있었습니다. 그때 논의 되었던 문제는 분쟁하는 나라 사이의 평화와 전쟁에 관한 것이 아니었으며, 하나님과 사람 사이의 평화의 문제와 하늘과 땅 사이의 화해의 문제와 타락한 자가 아버지의 집에 돌아가는 길을 열어주는 문제였습니다.

모세와 엘리야는 나타나서 그리스도와 "그리스도가 예루살렘에서 완수하여야 할 죽음"에 대해서 이야기 하였습니다.

마태와 마가는 이 광경을 기록하지 않았습니다. 그러나 누가는 우리에게 그들의 대화의 제목을 가르쳐 줍니다. 사람들은 그들이 가장 중요하다고 생각하는 것을 이야기하기 좋아합니다. 그래서 이 제자들은 분명히 이 사실을 이 땅 위에서 일어날 수 있는 어느 무엇보다도 더 중요하게 생각하였던 것입니다. 이 일이 있었던 것은 예수의 죽음 9개월 전이었으며 그들은 변화산에서 십자가의 그림자가 나타나는 사실을 말하였습니다.

잠

베드로와 다른 제자들은 깊이 잠들고 있었습니다. 그러나 그들이 깨었을 때 그들은 그리스도의 영광과 그와 같이 서 있는 두 사람을 보았습니다. 저는 종종 이 세 제자들은 현대교회를 상징한다고 생각해 왔습니다. 그들은 이 광경에서 영광이 찬란히 비치기 직전에 잠들어 버렸습니다. 우리들은 모든 사물의 완성이 가까워 가는 것 같이 느껴집니다. 인자의 영광이 밝혀지려 합니다. 그런데도 불구하고 신부는 신랑이 오는 것을 깨어 지키고 있지 않고 깊이 잠들고 있습니다. 그 다음 모세와 엘리야가 떠나려는 무렵에 베드로는 자기도 모르게 이렇게 말했습니다. "주여 우리가 여기 있는 것이 좋사옵고 만약 주께서 원하신다면 내가 여기서 장막 셋을 지어 하나는 주님을 위하여 하나는 모세를 위하여 하나는 엘리야를 위하여 하리이다. 그가 이렇게 말할 때에 홀연히 빛난 구름이 저희를 가려 덮으니 그들이 심히 두려워 하더니 구름 속에서 소리가 나서 이르시되 이는 내 사랑하는 아들이오. 내 기뻐하는 자니 너희는 그의 말을 들으라. 소리가 지나갔을 때에 오직 예수외에는 아무도 보이지 아니 하더라. 그리고 그들이 본 이 사실을 아무것도 그때에는 남에게 알리지 않고 고이 간직하더라."

세 가지의 계시

그 산에서 세 가지의 계시가 상징되었다고 해도 좋습니다. 즉 율법과 예언과 복음입니다.

하나님이 모세를 애굽에 보내사 봉사케 하려 부르셨을 때 얼마나 모세가 극력 피하려고 변명하였나 유의하여 보십시오. 그는 이유를 하나씩 하나씩 계속해서 들었습니다.

여러분 중에는 얼마나 하나님이 여러분에게 시키시고자 하시는 일을 피하려 애쓰고 있습니까? 여러분은 만약 하나님이 모세의 이유를 들으시고 아론이나 갈렙이나 여호수아나 그 외 다른 사람더러 그 대신 일을 하게 하셨더라면 모세는 무엇을 잃었겠는가 생각해 보신 적이 있습니까? 모세는 그후 천 오백년 후에 그리스도와 같이 그 변화산에 결코 나타나지 못하였을 것입니다. 하나님은 모세에게 그가 광야에서 견딘 모든 간난의 백만배도 더 많이 갚지 않으셨습니까? 그런데도 요사이 하나님의 일을 피하려고 변명하려 드는 사람이 수 없이 많습니다.

엘리야도 또한 기도하는 사람이었습니다. 그리고 하나님을 친히 아는 사람이었습니다. 모세와 같이 그도 하나님과만 홀로 40일 간을 지냈습니다. 이 두 사람은 아마도 그 시대나 저 시대에 있어서 어느 누구보다도 하나님과 사람에 대해서 알고 있었을 것입니다.

여러분은 어떻게 엘리야가 그 로뎀나무 밑에 들어가서 하나님이 그를 죽이기를 원했는지 알고 계실 것입니다. 그는 이세벨로 인하여 도망하고 있었으며 죽기를 원하였습니다. 저는 그가 변화산에서 이렇게 말했으리라고 상상합니다.

오- 저는 주가 나의 기도를 안들으시고 나더러 그 로뎀나무 밑에서 죽게 하시지 않은 것을 대단히 기뻐합니다. 나머지 세 사람 베드로와 야고보와 요한은 그리스도가 남기시게 될 일을 이 새로운 계시 속에서 짊어지고 나가게 되었습니다.

인정 받지 못한 위인들

저는 베드로가 세 장막을 짓고 모세와 엘리야를 모시겠다고 원하던 생각을 알 수 있습니다. 그는 만약 계속 말할 수만 있었더라면 이렇게 말하였을 것입니다.

"저는 모세와 예루살렘으로 가기를 원합니다. 예루살렘은 얼마나 소동이 벌어질까요?"

사람이 인정을 받을려면 죽은지 천년은 지나야 합니다. 노아시대 사람들에게 위인의 이름을 말해보라고 물으면 그는 아마 에녹이라 할 것입니다. 노아는 아무것도 아니었을 것입니다. 아브라함의 시대에 누가 제일 위인이냐고 물으면 사람들은 아브라함이라고 하지 않고 노아라 하였을 것입니다. 모세의 시대에는 아브라함이 위인의 소리를 들었을 것이며 세례 요한의 시대에는 엘리야이었을 것입니다.

여기 산꼭대기에 한 사람이 있었으니 그는 지금까지 살아온 사람들 중에서 누구보다도 사람들을 그리스도께로 인도할 수 있었던 사람입니다. 그가 바로 베드로였습니다. 그러나 예루살렘 성에서 어느 누구도 그가 가치 있는 자라고 생각하였던 사람은 없습니다. 그는 이름난 사람은 아니었습니다. 그러나 그는 주 예수님을 알고 있었습니다.

베드로는 만약 모세와 엘리야를 그저 예루살렘에 내려 보낼 수만 있다면, 그리고 가서 그곳에서 복음전도회 같은 것을 가질 수만 있다면, 그리고 법률을 호령할 수 있다면 또 엘리야가 가서 사람들에게 모든 예언이 어떻게 그리스도 안에서 이루어졌는가를 말할 수 있다면, 얼마나 온 성을 뒤흔들어 놓을 것인가 생각하였습니다. 그러나 이러한 중한 일을 하게 된 것은 모세나 엘리야가 아니었고 바로 베드로 자신이었습니다. 그는 모세보다도 큰일을 하였고 사람을 회개하게 하는 일에 있어서는 예수님보다도 더 많은 일을 해냈습니다.

예수님께서 말씀하시기를 "네가 나보다 더 큰 일을 하리라" 하셨습니다.

하나님은 여러분을 여러분 당대에 누구보다도 더 많이 사용하실는지 모릅니다. 저는 우리들이 하나님의 일을 다른 어떤 일보다도 더 심히 주리고 목마른 것같이 하면 하나님은 결코 저희들을 실패케 하시지 않을 줄 믿습니다. 다른 사람들이 우리들보다도 더 훌륭한 일을 할 수 있다는 생각은 모든 시대에 있어서 커다란 장해가 되어왔던 것입니다.

소개가 필요치 않음

이 사람들은 서로 알지 못했다는 사실을 유의 하십시오. 모세는 이미 천오백년 전에 세상을 떠났고 엘리야는 천년전에 세상을 떠났습니다. 그래도 그들은 서로 잘 알았습니다. 저는 주님이 베드로와 야고보와 요한에게 "이 분은 모세고 이 분은 엘리야다"라고 소개 하였으리라고는 믿지 않습니다. 저는 그들이 아무 소개도 없이 서로 알았으리라고 믿습니다.

저는 주님을 만나 뵐 때 주님을 알아 볼 줄 생각합니다. 여러분은 "어떻게요?"라고 물으시겠습니까? 저도 모릅니다.

저는 어떤 소녀에 대한 이야기를 들은 적이 있는데 그 아이의 어머니는 너무 일찍 세상을 떠나서 그 소녀는 어머니의 얼굴을 기억할 수 없었답니다. 또 그 어머니의 사진도 없었고 얼굴도 본 적이 없었답니다. 그런데 그 아이가 커서 철이 들을 만큼 되었을 때 병이 들었습니다. 그가 죽게 되었을 때 갑자기 그의 얼굴은 빛나며 마치 그의 어머니를 보는 것처럼 이렇게 소리 쳤습니다. "오, 어머니!"

이와 마찬가지로 저희들도 모세와 엘리야를 이 사도들이 그 산에서 알아 볼 수 있었던 것과 같이 알 줄 믿습니다. 우리는 우리들이 만약 그리스도의 일을 한다면, 그리고 주님과 같이 있다는 것을 분명하게 한다면 우리들이 주의 얼굴을 바로 대면할 수 있으며 그와 같이 영원히 살 수 있는 때가 온다는 것을 기억합시다.

하나님이 말씀하시다

또 한 가지에 유의하십시오. 그 때에 하나님 아버지께서 말씀하셨습니다. 성경학자들이 생각하기를 하나님은 사천년 동안 아담이 타락하기 전 창세의 시기부터 두 번째 아담이 요단강 뚝에 그 자태를 나타낼 때까지, 한번도 당신께서 대단히 기쁘시다고 말한 적이 없었다는 것을 발견했을 것입니다. 그러나 예수께서 요단강에서 올라오셨을 때 하나님은 다시 대단히 기쁘시다 말씀하시고 사천년의 침묵을 깨뜨리셨습니다. 이곳 변화산상에서 하나님은 다른 말을 더 하십니다. "이는 내 사랑하는 아들이니 너희는 그의 말을 들으라" 모세는 그의 임무를 인계하여 주기 위해 오셨습니다. 예수 그리스도에 의하여 율법은 온전케 되었습니다. 그의 일은 다 끝났습니다. 그 변화산상에는 베드로와 야고보와 요한이 그 당시에는 믿지 않았을지 모르나 모세보다도 더 위대한 분이 계셨습니다. 유대인들은 그리스도를 사기꾼이나 하나님을 모독하는 자로 간주하였으며 이 지구상에서 없애 버리기를 원하였습니다. 그의 제자들도 가끔 마음이 흔들렸으며 과연 그가 정말 메시야인지 의심하였습니다. 이 모든 광경은 아마도 이 세 제자들에게 모든 의심을 버리고 예수님이야 말로 오래 고대하던 메시야라는 사실을 확인케

하기 위한 것이었는지도 모릅니다. 하나님이 하늘로부터 다시 말씀하여 이르시되 "나의 아들의 말을 들으라. 율법과 예언은 다 이루어졌으며, 모세와 엘리야의 일은 끝났다" 하십니다. 다로가 별과 해가 솟아오른데 따라 그 빛이 차차 없어지다시피 모세와 엘리야의 일도 차차 흐려지게 됩니다. 왜냐하면 그들의 사업은 다 이루어진 까닭입니다.

빛나는 구름에 싸인 하나님의 영광과 하나님의 목소리와 율법과 예언은 모두 그리스도를 증거하기 위해 이곳에서 이루어진 것입니다.

만약 예수가 가버렸다면

스펄전(Spurgenon) 목사는 이 광경에 대해서 대단히 선명한 설명을 하고 있습니다. 그는 말하기를 "구름이 내려와 모세와 엘리야를 보이지 않게 데려 갔을 때 만약 예수 그리스도도 같이 데려 갔다면 어떠한 결과가 되었을까요?" 우리들의 주 예수도 모세와 엘리야와 같이 가버리고 우리들의 죄를 위해 그리스도가 죽지 않으셨다면 이 세상은 얼마나 어두웠겠습니까? 오! 그러나 예수 그리스도는 얼마나 이 세상을 밝혀 주셨습니까? 그리스도가 갈보리 산에 가시지 않고 천당에 가버리시고 그의 일이 완수되지 않았다고 상상하여 보십시오. 또 하나님이 그의 아들에 대해 말씀하실 때에 "나는 사람들이 너에게 침 뱉고 너의 뺨을 치게 내버려 둘 수 없다. 내가 너를 내 품으로 다시 데려가겠다"고 말씀하셨다고 상상해 보십시오. 이 세상에는 얼마나 어두움이 덮이었을 것입니까? 그러나 모세도 없어지고 엘리야도 없어졌으나 그리스도만이 남았습니다. 왜냐하면 그리스도가 전부였기 때문입니다.

율법과 예언은 그리스도 안에서 영광을 받고 완성되었습니다.

나의 사랑하는 친구 여러분! 저는 오래 살면 오래 살수록 이 세상이 필요한 것은 그리스도라는 사실을 더욱 굳게 믿게 됩니다. 우리들이 그리스도를 전파하며 그리스도 안에서 살며, 더 그를 사랑하고 이 어지러운 세상을 그로 하여금 항상 떠받들게 하면 우리는 많은 유익한 일을 할 수 있습니다. 그리스도와 분리되어서 하는 모든 우리들의 일은 건초나 나무요 나무를 베어 놓은 그루터기요 찌꺼기여서 하나님이 저희들의 일을 시험하시러 오실 때는 다 타버릴 것입니다. 우리들이 해야 하는 것은 우리들 자신으로부터 떠나야 하는 것입니다. 그러면 사람들이 와서 우리들을 볼 때 그들은 우리 생각을 하지 않고 그리스도를 생각하게 될 것입니다. 우리들은 낮아져야 하며 그리스도는 높아져야 합니다. 베드로가 그리스도를 모세와 엘리야와 같은 수준에 놓으려 하였을 때 하나님 아버지는 그들을 데려가 버리셨습니다. 예수 그리스도에 대적할 사람은 한 명도 없습니다. 또 그리스도와 비교할 수 있는 사람도 한 명도 없습니다. 그리스도는 모든 입법자와 모든 예언자보다 더 훌륭합니다. 그리스도의 이름은 하늘 아래 있는 어떤 다른 이름보다 더 높습니다.

타협치 않음

여러분이 만약 하나님과 더불어 힘을 얻고자 하시면 될 수 있는 대로 세상과 멀리하십시오. "주여 우리들이 이제 이 산에서 내려가면 여전히 포커놀이도 하고 또 댄스도 할 수 있겠습니다. 왜냐하면 우리들은 이 산에서 아직까지 주와 계속 같이 있어서 이같이 거룩한 광경을 보았습니다. 그런데 이 모든 세상의 즐거움을 버릴 수야 있겠습니까?" 여러분은 이와 같은 생각을 품을 수 있겠습니까? 만약 우리들이 사랑에 가득차시고 아름다운 그리스도의 얼굴을 한번 쳐다 볼 수 있다면, 이 세상과 이 세상의 기쁨은 우리들에게 대단히 적게 보일 것입니다. 우리들은 타협치 않도록 그리스도를 위하여 현저히 세상과 격리되어야 합니다.

그리스도의 십자가는 다른 어떤 것보다도 이 세상의 신과 함께 성경의 하나님을 섬기려는 사람들 때문에 더욱 고난을 당하고 있습니다. 그리스도에게로 가까이 가십시오.

그러면 여러분은 또다시 이 세상에 돌아가고 싶지 않게 될 것입니다. 세상 사람들이 여러분더러 협소하다고 말할지 모르나 하나님은 협소한 남자와 협소한 여자를 쓰시는 것입니다.

경배후의 사업

또 한 가지가 있습니다. 저는 베드로에게 동정할 수 있습니다. 왜냐하면 저도 그곳에 같이 있기를 원하는 까닭입니다. 저도 그곳에서 한 달을 지내기 원합니다. 그리고 엘리야에게 그가 흥미를 가지고 있었던 모든 일을 저에게 말해 달라고 하고 싶습니다. 그러면 정말 좋지 않았겠습니까? 저는 모세가 그의 경험을 저에게 말해 주기를 간절히 원합니다. 그러나 그 산 아래는 해야 할 사업이 있었습니다. 그리고 앞으로 나타날 영광을 볼 수 있는 기쁨을 볼 수 있는 한편 해야 할 사업이 놓여 있었습니다. 어떤 모임에서 팔레스틴에 가본 적이 있는 어느 젊은 목사가 기회 있을 때마다 그가 그곳에서 본 이야기를 하곤 하였습니다. 그래서 그는 참 귀찮은 인물이 되어 버렸습니다. 끝내 에임스(Ames) 감독이 일어서서 이렇게 말했습니다.

"형제여 나는 주님이 계셨던 곳에 5년동안 살기 보다는 오히려 주님과 5분간만 있기를 더 원하겠습니다."

제자들은 산에서 내려오자 귀신 들린 아들을 데리고 있는 어떤 아버지를 만났습니다. 그 아버지가 자기 아들을 데리러 가는 동안 그 마귀는 아들을 더 미치게 하였습니다. 악한 차주와 같이 마귀는 아들을 떠나기 전 할 수 있는 대로 해를 많이 끼치려고 하였습니다. 마귀는 자기가 그 아이를 떠나야 한다는 명령을 받을 줄 알고 있었습니다.

그래서 그 마귀는 그 아이를 거의 죽이기까지 그를 미치게 하였던 것입니다. 그 제자들은 마귀를 쫓아낼 수 없었습니다. 그 아이는 귀머거리며 벙어리였습니다. 그래서 제가 생각하기에는 아마 제자들이 이렇게 말했을 것입니다.

"오- 이것은 보는 바와 같이 희망이 없는 경우다. 그가 만약 어떻게 느끼는지만 우리들에게 말해 줄 수 있다면 혹은 우리가 그의 귀에다 소리칠 수만 있다면 혹시 그를 살릴 수도 있을 텐데. 그러나 우리가 그를 들을 수 있거나 또는 말할 수 있게 하지 못하니까 어떻게 해 볼 재주가 있어야지."

그들은 믿음이 부족하였습니다. 그러나 주님이 내려 오셨을 때 그 아버지는 주앞에 나왔습니다. "여러분 이 말씀을 들어 보십시오." 스펄전목사는 말하기를 "그는(그 아버지) 그리스도 앞에 나왔을 때는 빈약한 신학자였습니다. 그가 와서 말하되 만약 당신이 무엇이라도 하실 수 있다면 하였습니다. 그랬더니 주님이 그 자리에서 그를 책망하셨습니다. 주님이 말씀하시되 네가 만약 믿을 수만 있다면 하셨습니다. 주님은 만약이라는 말을 적당한 곳에 쓰셨습니다. 믿는 자에게는 모든 것이 가능합니다."

여러분에게는 회개하기를 원하는 형제나 부모나 혹은 친구가 있을 것입니다. 여러분은 그들을 신자들에게 데려 왔으나 마귀를 쫓아내지 못하였을 것입니다. 여러분 들어 보십시오! 그리스도가 그 아버지께 뭐라고 하셨습니까? "아들을 나에게 데려 오너라."

그리스도가 마귀를 이길 수 있다는 생각을 가지는 것은 대단히 기특한 일입니다. "하늘과 땅에 있는 모든 권세를" 주님께 주어졌다는 사실을 잊지 마시고 잠시라도 하나님의 자비를 받지 못할 사람이 있다는 생각을 마십시오. 강한 술의 종이 되어 있는 여러분의 친구일지라도 하나님의 자비를 받지 못한다고 생각지 마십시오. "나에게 그를 데려오라"고 그리스도는 말씀하십니다. 여러분의 교회와 여러분의 사회를 넘어서서 주님 안으로 바로 뛰어 들어 가십시오. 그 어머니가 엘리사에게 와서 그의 아이가 죽었다는 말을 하였을 때 그 예언자는 그의 종에게 말했습니다. "저 막대기를 들어서 그것을 그 아이 위에 놓으라" 종은 떠나가 버렸습니다. 그러나 그 여인은 엘리사보다 더 현명하였습니다.

그는 그의 옆을 떠나지 않았습니다. 그는 그 막대기라든가 혹은 종을 믿으려 하지 않고 그 예언자 자신을 믿으려 하였습니다. 어떤 사람들은 그들 자신을 사업에 바치지 않고도 그리스도를 위해 사업을 할 수 있다고 생각합니다.

때로는 우리가 어떤 사람을 얻기 위해서는 우리들의 전생명을 바쳐야 할 때가 있습니다.

여러분은 여러분의 생명을 바치는 한이 있더라도 주님의 사업을 해야 한다고 결심을 하셔야 합니다. 그 아이가 죽은 것처럼 땅에 내던져져 있었을 때 예수는 그를 손으로 잡으셨습니다. 그리고 그를 일으키셨습니다. 사랑과 동정으로 어루만져 주는 것이 대부분의 사람들이 필요한 것입니다.

앞으로의 전망

저는 한때 꿈속에서 천당으로 날라 들어간 사람의 얘기를 들은 적이 있습니다.

그는 그 영광의 세계에 머물러 있었습니다. 그리고 그는 그가 드디어 천당에 왔다는 것을 생각하고 기뻐서 어쩔줄 몰랐습니다. 그러자마자 어떤 사람이 와서 얘기를 걸었습니다. "이리 오세요. 제가 무엇을 좀 보여 드리죠." 그는 그 사람을 성벽 사이로 데리고 가서 말했습니다.

"저- 아래를 보시오. 무엇이 보입니까?" "대단히 캄캄한 세상이 보이는데요."

"잘 보시고 무엇인지 알아 보십쇼" "예, 알고 말고요"하고 그는 말했습니다.

"저것은 제가 살던 세상인데 제가 저 세상에서 왔지요"

"무엇이 그 세상에서 보입니까?" "저런, 사람들이 그곳에선 모두 소경이 되어 있군요. 많은 사람들이 낭떠러지로 떨어지고 있습니다." "자- 그러면 당신은 여기서 머물러서 천당을 즐기겠소? 그렇지 않으면 다시 저 지구로 돌아가서 좀 더 살면서 사람들에게 이 하늘나라에 대해서 얘기하여 주겠소?"

그 사람은 엘리야와 마찬가지로 일하다가 실망한 사람이었습니다. 그는 잠에서 깨어서 후에 이렇게 말했습니다.

"저는 그 후 죽었으면 하는 생각을 조금도 하지 않았습니다" 항상 변화산상에서 거덜거리고 머물러 있기를 원하지 마십시오. 이 세상에 내려와서 사람들을 주님 앞으로 인도하기를 원하십시오. 산꼭대기에서 영적교제를 하며 예수님과 같이 머물러 있는 것도 좋은 일입니다. 그러나 그곳에 항상 머물러 있는 것은 좋지 않습니다. 우리들은 평야에 내려와서 일상생활에 주님과 더불어 같이 살아야만 됩니다.

chapter 04

깨어있는 자의 할 일

제자들에게 오사 그 자는 것을 보시고 베드로에게 말씀하시되 너희가 나와 함께 한 시간도 이렇게 깨어 있을 수 없더냐 시험에 들지 않게 깨어 기도하라 마음에는 원이로되 육신이 약하도다 하시고(마태복음 26장 40-41절)

이 세상에 존재하는 가장 현실적인 것의 하나는 시험(유혹)입니다. 그래서 우리가 이것을 빨리 발견하면 빨리 발견 할수록 더 유익합니다.

그리스도가 겟세마네 동산에서 기도하고 계실 때에 그의 제자들은 곤히 잠자고 있었습니다. 그때 그리스도는 제자들을 깨우시고 이렇게 말씀하셨습니다.

"너희들이 유혹에 빠지지 않도록 깨어 기도하여라. 마음은 원이로되 육신이 약하도다." 육체는 약합니다. 이 지구상에 사는 사람 중 누가 이 말을 감히 부정할 자가 있겠습니까? 태양아래 인간의 육체보다 더 약한 것이 또 있겠습니까? 마음은 무엇이고 하려 합니다.

대부분의 사람들은 바른일을 하려하며 또 할수 있으리라고 생각하고 있습니다. "마음은 원이로되 육신이 약하도다" 저는 그날 밤에 그리스도 주위에 모였던 열한 사람 아무도 이것을 믿었으리라고 생각지 않습니다. 그리스도는 이 말씀을 내적 그룹이었던 베드로, 야고보, 요한 세 사람에게 말했습니다.

물론 틀림없이 그들은 "우리들이 형세가 불리하여도 위험할 것은 없어. 우리는 예수가 우리더러 깨어서 경계하며 지키라 하셨어도 우리는 잘 수 있네"하고 생각한 것은 틀림없습니다.

그러나 아무도 몰랐지만 열둘 중에 한 명은 이미 타락하고 있었습니다. 열두 제자 중의 가장 말을 권위있게 하던 베드로는 바로 그날 밤에 욕하며 맹세하며 예수를 알지도 못한다고 말하려 하는 것이었습니다. 요한과 야고보는 예수를 떠나게 되었던 것입니다.

왜냐하면 "모두가 예수를 뿌리치고 도망 가 버렸으니까요" 여러분은 아마 이 지구위에서 그 때의 열한 제자들보다 더 나은 사람들을 찾을 수 없었을 것입니다.

그런데도 그리스도는 그들에게 격려하시기를 "맘은 원이로되 육신이 약하도다"하고 말씀하신 것입니다. 아직까지 인간 예수 그리스도를 제외하고는 이 지구를 디뎌 본 사람은 그의 일생에 있어서 언젠가 한번이고 멸망치 않았던 사람은 없었습니다.

어떤 사람이고 유혹에서 완전히 해방된 사람은 없었습니다. 인생은 한 때 잠잠하고 순조로울 수 있습니다. 그러나 시험의 시기는 닥쳐오는 것입니다. 이 열한 제자들은 바로 그날 밤에 전에 유례없는 시험을 당하게 되었던 것입니다. 그리고 시험이 닥쳤을 때 열한 사람 전부가 다 해하였던 것입니다. "너희들이 시험에 들지 않도록 깨어 기도하고 있어라. 대개 마음은 원이로되 육신이 약하도다." 오! 하나님이여 우리들의 눈을 뜨게하사 우리들이 얼마나 대단히 약한가를 보게 하소서! 만약 인간의 양심 속에 쇠로된 가래가 깊이 파 들어가 있지 않았던들, 또 인간이 죄의 전적인 일이 아니 되었던들 시험이 닥쳤을 때 그들은 확실히 걸리고 넘어질 것을 저는 확고히 믿습니다.

그리스도가 유명한 씨뿌리는 자의 비유에서 말씀하신 것을 보십시오. 이 말씀은 누가복음 8장에서 볼 수 있는데 "바위 위에 떨어진 것들은 말씀을 듣고 기쁨으로 받아들이나 뿌리가 없는 자와 같다" 하셨습니다(반석위에 세운 집은 대단히 좋은 것이나 식물에 대해서는 신통치 않은 곳입니다). "뿌리없는 자들은 잠깐 동안은 믿으나 유혹을 당할 때에 타락해 버리나니라" 여러분은 이러한 사실을 일상생활에서 보시지 않습니까? 여러분은 한 때 믿기를 시작하여 믿음이 잘 자라던 젊은 사람들을 많이 알고 계시지 않습니까? 그들은 지금 어디 있습니까? 그들은 어떻게 된 것입니까? 그들은 유혹을 당하였을 때에 모두 타락해 버렸습니다. 쇠사슬의 힘이란 가장 약한 마디에 달려 있다는 것에 특히 유의 하십시오. 어떤 사람을 천정에서 일을 하게 한다고 생각하십시오. 그리고 발판이 열

마디로 이어진 쇠사슬에 의해 붙들어 매어져 있습니다. 그런데 그 중 한 마디가 대단히 약합니다. 시험의 시간이 닥쳐옵니다. 그 사람이 그 발판을 디딥니다. 그 약한 마디가 끊어집니다. 그리고 마치 그 쇠사슬의 모든 마디가 다 끊어진거나 마찬가지로 그 사람은 거꾸로 떨어져 버립니다.

그래서 날씨 좋을 때만 잘 믿는 크리스천들은 시험에 견디지 못한다는 것을 기억하십시오. 유혹의 폭풍이 그들을 휩쓸 때 그들은 타락할 것입니다.

기독교 신앙에는 의장행렬 같은 것이 없습니다. 전쟁이 일어났을 때 여러분들이 의장행렬에서 본 친구들은 어디에 가 있습니까? 그들은 다 도망가 버렸습니다.

저는 이런 예를 몇 번이고 몇 번이고 보았습니다. 롯이 아브라함과 같이 있을 때까지는 상당히 좋았습니다. 그가 아브라함을 떠나서 마므레 평야를 나와 소돔에 들어갔을 때 그는 걸려 넘어지고 타락해 버렸습니다. 여러분이 오늘날 한 명의 아브라함을 찾아낼 수 있는데 비추어 저는 백만명의 롯을 찾아 낼 수 있습니다. 폭풍이 휩쓸 때 이것을 홀로 견디어 낼 사람은 아주 적습니다. 그들은 거의 다 휩쓸려 버립니다!

여러분은 커다란 폭풍이 지나간 후 삼림 속에 들어가 보신 적이 있습니까? 뿌리들이 깊숙이 박히지 못한 것은 다 뒤집혀 엎어져 있는 것입니다. 스코틀랜드(Scotland)에서 온 어떤 친구가 제가 가본 적이 있는 곳의 이야기를 이같이 했습니다. "얼마전에 폭풍이 있었는데 그 땅위에 서 있던 가장 좋은 나무가 4천주 내지 5천주가 쓰러져 버렸습니다. 왜 그랬는지 아십니까? 그 폭풍이 전혀 예기치 않았던 방향으로부터 닥쳐왔던 까닭입니다. 폭풍이 그 방향으로부터 닥쳐온 일은 없었습니다. 폭풍은 전에 그 방향을 제외하고는 모든 방향으로부터 불어 왔었습니다. 삼림에선 준비를 안했더랍니다. 그래서 나무들이 다 날아가 버렸습니다."

에딘백성은 스코틀랜드의 모든 전쟁에서 단 한번을 제외하고는 점령 당한 일이 없다고 말합니다. 그때 적은 너무도 안전해서 지킬 필요가 없다고 수비대가 생각한 위험하고 급경사된 바위를 타고 넘어 올라 왔습니다. 유혹은 대단히 자주 전혀 기대치 못하였던 모양과 전혀 생각지 못했던 방향으로부터 우리들이 파수를 보지 않을 때 옵니다. 왜냐하면 여러분이 만약 경계하고 있지 않으면 유혹하는 자에게 걸려 넘어질 것이니까요.

그리고 또 그리스도는 더 부언해서 말씀하십시다. "자기가 서 있는 줄로 생각하는 자는 넘어지지 않도록 조심하라" 이 지구위에 사는 사람은 아무도 유혹을 안 당할 사람은 없습니다. 저는 항상 저의 신앙 생활이 어느 정도 발전되면 유혹이 저에게는 미치지 않으리라고 생각하곤 하였습니다. 그러나 저는 그 생각을 단념하였습니다. 유혹하는 자는 여러분을 요람에서부터 무덤까지 좇아 다닐 것이며, 여러분이 그리스도에게 가까워지면 가까워질수록 투쟁은 점점 더 치열해지는 것입니다. 어떤 분이 말한 대로 사단은 높은 곳을 목표로 한다는 것입니다. 사단이 주님을 팔고자 하였을 때는 제자들 중에 재정을 맡은 자에게 갔습니다.

그리고 예수를 부인하고자 하였을 때는 으뜸되는 사도에게 갔던 것입니다. 또 사단이 제자들에게 대접하기를 거절했던 사마리아 사람들에게 하늘로부터 불을 내리기 원했을 때는 그는 하나님의 아들의 마음에 가장 가까웠던 요한에게로 갔습니다. 심지어는 하늘의 천사들도 넘어갔습니다. 낙원에 있던 아담도 넘어갔습니다. 이런 사실을 생각해 보십시오.

네 가지 경계에 대해서 말한다고 하면 어떤 분이 말한 것같이 사람이 가장 넘어가기 쉬운 시간은 두 번째나 세 번째 경계 때라고 합니다. 첫 번째 경계에 있어서는 그의 믿음이 시작되며 이렇게 말합니다. “나는 지키고 있어야 한다. 나는 약하다” 그는 그의 약점을 인식하고 눈을 바로 떠서 주님을 바라보며 힘을 얻기 위해 매일 매시간 주님에게로 갑니다. 그래서 이 때는 좀처럼 넘어가지를 않습니다. 그러나 두 번째와 세 번째 경계에 있어서는 그는 그의 인간됨을 느끼기 시작하고 이렇게 말합니다. “나는 이제 튼튼하다. 그리고 나는 견딜 수 있다” 그래서 그는 자기 육신의 팔에 기대기 시작합니다. 그래서 위태로운 일이 일어나면 넘어가고 마는 것입니다. 그가 네 번째 경계에 들어가게 되면 그는 점점 영원한 집에 가까워지며 이 낡은 세상은 점점 그의 시야에서 멀어져 가는 것을 알게 됩니다. 그는 육신이 얼마나 약한가를 압니다. 왜냐하면 육체는 자주 그의 뜻하는 대로 해주지 못하였기 때문에 그리고 그는 또다시 경계를 하게 됩니다. 그가 설혹 항상 넘어가기 쉬운 듯 하더라도 두 번째와 세 번째 경계를 넘기게 되면 그렇게 넘어가기 쉬운 것은 아닙니다.

유혹에 대해서 또 한 가지 말씀 드릴 것이 있습니다. 우리들은 우리에게 특유한 유혹이 있다고 생각하기 쉽습니다. 그러나 조금도 그렇지 않습니다. 이런 유혹들은 모든 사람에게 다 알려져 있습니다. 바울이 고린도교회에 보낸 글을 보십시오.

"사람이 감당할 시험 밖에는 너희가 당한 것이 없나니 오직 하나님은 미쁘사 너희가 감당하지 못할 시험 당함을 허락하지 아니하시고 시험 당할 즈음에 또한 피할 길을 내사 너희로 능히 감당하게 하시느니라"(고린도전서 10장 13절)

이 구절을 마음속에 간직해 두십시오.

여러분과 저에게 오는 유혹은 모든 사람에게 다 공통인 것입니다. 우리들보다 먼저 살았던 모든 사람들도 우리에게는 다른 모양으로 나타나기는 하지만 같은 유혹을 받으셨습니다. 사람들은 항상 여러분과 제가 가지고 있는 바와 같이 같은 질투를 가지고 다투어 왔고, 같은 자만과 같은 식욕과 돈을 사랑하는 마음과 오락을 좋아하는 마음을 가지고 있습니다. 오늘날 우리들을 위협하는 네 가지의 커다란 유혹이 있습니다.

첫째로 극장입니다.

여러분은 "우리 식구는 극장에 갑니다"라고 말씀하실 것입니다. 그러긴 하겠죠. 극장에서는 여러 가지 일을 하겠죠. 그러나 유혹은 어디나 마찬가지입니다.

저는 메인(Main)주에서부터 캘리포니아(California)주에 이르기까지 술집이 안붙어 있거나 혹은 근처에 없는 극장은 한 군데도 보지 못했습니다. 어째서 술집이 극장과 같이 붙어 있지 않으면 안됩니까? 타락한 여자들이 극장에 가며 항상 불순한 목적을 가지고 가는 것입니다. 여러분은 혹 좋은 극을 보는 것은 사람을 교육하는 일부분이라고 말씀하실지도 모릅니다. 이러한 따위의 교육은 바람에게나 날려 보내십시오. 하나님의 아들이 이런 따위의 현재의 극장과 같은 학술 연구 기관을 돕는다는 것은 죄가 되는 것입니다. 서부의 어떤 교회에 유명하고 갑부인 장로 한 분이 있었는데, 항상 날더러 나는 극장 문제에 관해서 사상이 협소하며 너무 엄격하다고 말하곤 하였는데 그에게 아들이 한 명 있었는데 결혼을 하였습니다.

그런데 그후 얼마 안 있다가 어떤 여자가 와서 그 아들 가슴에 총을 쏘아 죽여 버렸습니다. 그 아들은 그 여자와 극장에서 사귀게 되었는데 그 여자는 그 장로의 아들을 요구하였던 것입니다. 그 장로는 결국 인생의 즐거움이 사라지고 부들부들 떨면서 살다가 결국 죽고 말았습니다. 저는 넓고 옳지 않은 것보다는 좁고 바르기를 원합니다. 저는 저의 두 아들이 유혹을 당할 장소에 드나들지 않기를 원합니다.

세상 사람들은 만약 아무 비용도 들이지 않고 또 자기 부정이라는 것이 없다면 좋아서 기독교 신자가 되려 할 것입니다. 그러나 저는 모든 오락장에 드나들며 자기 성서와 바꾸려하는 크리스천에 대해서는 조금도 관계치 않으렵니다. 저희들이 오늘날 요구하는 것은 세상과의 분리입니다. 한 가지 하나님께 기도할 것은 여러분이 성령에 충만하도록 하는 것입니다.

만약 성령이 충만케 된다면 여러분은 세상과 분리되지 않으면 안됩니다.

여러분이 만약 사람에게 전기를 쏘이고 싶으시면 그 사람을 유리 다리로 된 의자에 앉히고 땅으로부터 분리시키고, 그 다음에 전기 불꽃이 튀기까지 전기를 쏘여야 됩니다.

마찬가지로 여러분이 하나님의 힘으로 충만하기를 원한다면 여러분은 세상으로부터 분리되셔야 합니다. 여러분은 여러분의 아들이나 혹은 딸이 극장무대 위에 서기를 원치 않으시죠. 그렇지요? 또 여러분의 어머님이 그곳에 서시는 것도 원치 않으실 것입니다. 그러면 어째서 다른 사람의 누이에게는 장려하시는 것입니까? 또 어째서 남의 부인에게는 장려하십니까? 이 나라에 있어서 작년에 이혼 건이 2만 5천이 있었는데 그 중 극장 때문에 이혼한 사람이 많습니다. 여러분은 어떤 사람들이 극장에 가기 전에 잠깐 기도회를 했다는 얘기를 들으신 적이 있습니까? 한번 이것을 해보십시오.

그리고 어떠한가 한번 보십시오. 그저 배우들이 여러분께 훌륭한 감화를 주고 여러분을 향상시키고 많은 좋은 결과를 남기도록 기도를 해 보십시오. 이런 기도의 끝은 여러분을 숨도 못쉬고 갑갑하게 만들 것입니다.

그러나 혹시 여러분은 "저는 극장구경도 가는 좋은 사람을 많이 알고 있습니다"라고 말씀하실지 모릅니다. 저도 역시 많이 알고 있습니다. 그러나 저는 그들이 그 결과를 자기 자손에게서 거두게 될 것을 또 많이 알고 있습니다. 저는 수백의 사람들이 저에게 와서 극장의 영향으로 가정에서 일어난 세상에 알려지지 않은 비애와 처참한 일들에 대해 말하는 것을 들어 왔습니다. 여러분의 자녀들을 소돔으로 인도하는 것은 쉬운 일입니다. 그러나 그들을 건져내는 것은 대단히 힘든 노릇입니다. 어머니와 아버지들이 자기들의 자식들을 유혹의 길에 들어서게 하는 것은 참 쉬운 노릇입니다. 그러나 그들을 그 유혹의 길에서 건져 낼려고 하는 것은 다른 일이 되는 것입니다. 여러분이 만약 능력 얻기를 원하신다면 여러분은 세상으로부터 분리되어야 합니다.

그러나 여러분은 "그러면 저는 감화를 못 받습니다"하고 말씀하실지 모릅니다. 물론 그럴 것입니다. 그래도 그대로 두십시오. 여러분은 그런 따위의 감화를 가지고 또 힘을 얻을 수는 없으니까요. 여러분은 감화와 힘이라는 말의 차이를 아십니까? 그것은 이렇습니다. 아합은 감화력을 가지고 있었습니다. 엘리야는 능력을 가지고 있었습니다. 저는 포커 노름을 하고 극장에 다니며 경마를 하는 크리스천으로서 어떤 사람을 진실히 회개케 한 사람을 본 적이 없습니다. 그들은 그들의 웅장한 감화에 대해서 얘기 합니다.

여러분이 만약 소돔이 망하기 일주일전에 그곳에 가게 되었더라면 틀림없이 사람들이 여러분더러 롯은 그곳에서 가장 감화력이 많은 사람이라고 말하였으리라고 믿습니다. 여러분은 그가 문에 앉아 있는 것을 발견하였을 것입니다. 그는 관청에 들어가서 어쩌면 재판장으로나 혹은 소돔시의 시장으로 선출을 받았을 것입니다. 그리고 놀랍게 출세를 하였을 것입니다. 그는 가장 수입이 좋은 직장을 가졌으며 롯의 부인은 최고 사교계에 나섰을 것입니다. 그곳 소돔 사람들이 여러분더러 롯은 대단히 민첩한 사람이며 그의 숙부 아브라함보다 썩 나은 장사꾼이어서 아마 그가 20년만 더 살았으면 둘 중에 가장 큰 부자가 되었으리라고 말할는지 모릅니다. 참으로 놀랄만한 감화력 있는 사람입니다. 그러나 저는 그가 얼마나 힘이 있었던가 알고 싶습니다. 제가 생각하기에는 아브라함이 소돔을 위하여 탄원을 할 때 롯은 소돔에 커다란 감화를 주고 있었습니다. 나는 여러 사람들이 내가 수개월 전 그곳에 갔을 때 그를 대단히 높이 말하는 것을 들었습니다. 그는 그곳에서 20년이나 살았고 틀림없이 2년에 한 사람쯤은 회개시켰을 것입니다. 확실히 소돔에는 '의인 열 사람은 있다' 라고 생각하였을 것입니다.

그러나 소돔은 멸망을 당하였습니다. 롯은 한 사람도 회개시키지 못하고 오히려 자기 가족을 망쳐버렸습니다. 여러분이 만약 원하신다면 감화를 가지고 세상에 뛰어 들어 가십시오. 그러나 여러분이 죽을 때 그 감화도 같이 죽어 버립니다. 아합의 감화는 오늘날 어디서 찾아볼 수 있습니까? 엘리야와 다니엘의 감화에 비추어 본다면 느부갓네살의 감화는 어디 있습니까? 다니엘은 2천 5백년 전에 세상을 떠났지만 아직도 그 이름이 빛나고 있으며 앞으로도 영원히 빛날 것입니다. 그는 유혹을 극복하였습니다. 만약 다니엘이 그렇지 못하였더라면 유혹은 그를 구렁창에 쳐밀어 넣었을 것이며 다른 사람들과 마찬가지로 죽어 버렸을 것입니다. 그는 이렇게 말했을 것입니다.

"내가 만일 왕이 먹는 것과 같은 고기를 먹지 않고 같은 술을 마시지 않으면 계급과 지위를 잃을 것이다. 그리고 나는 감화력을 잃을 것이다." 그가 감화력을 잃었을지 모릅니다. 그가 힘을 가졌던 것을 하나님께 감사합니다. 여러분은 바벨론의 백만장자가 누구였던가 말할 수 있습니까? 혹은 누가 위대한 장군이었던가 말할 수 있습니까? 그들의 이름은 그들의 육체와 더불어 잃어 버렸습니다. 그리고 그들의 명예는 몇 세기 전에 이미 사라져 버렸습니다. 그러나 다니엘은 계속해서 하고 있습니다. 어째서 입니까? 그는 의의 길을 택하였으며 유혹을 극복하였던 까닭입니다.

둘째는 안식일의 무시-다른 또 하나의 커다란 유혹은 안식일의 무시입니다. 우리들은 다른 어떤 외부의 적보다도 바로 우리들안에 더 흉악한 적을 가지고 있습니다. 만일 우리들이 안식일을 포기해 버린다면 이 나라는 산산조각이 되어 버릴 것입니다. 안식일을 치워버린 나라로서 오래도록 존속하며 번영하였던 나라는 일찍이 어느 곳도 없습니다. 부숴버리고 찢어버리는 일은 간단합니다. 그러나 건설한다는 것은 그것의 천배나 더 유익한 일입니다. 안식일을 해치는 커다란 방법의 하나는 자전거입니다.

"오! 자전거가 어떻단 말씀입니까? 그것은 은사의 하나가 아니겠습니까?"하고 여러분은 말하실 것입니다. 그렇습니다. 다른 모든 은사로 주신 것들과 자전거도 오용으로 인해 저주가 될 수 있습니다. 심지어는 안식일 까지도 많은 사람들에게 저주가 되어 버렸습니다.

경찰재판에 나타나는 것을 보면 월요일 아침에 다른 날 아침보다 재판할 건수가 더 많습니다. 사람들이 "나는 주일학교에 가지않고 교회의 일을 떠나 시골로 돌아다니며 자연의 하나님을 경배해야겠다"고 말하는 순간 자전거는 유혹이 되어 버리는 것입니다. 그리고 타락하는 것을 도울 것입니다. 우리들이 만약 우리에게 닥쳐오는 조류를 막지 못한다고 하면 하나님의 교회는 어찌될 것인지 저는 알 수 없습니다.

저는 브록클린에 간적이 있는데, 거기서 의외로 새로운 사실을 발견했습니다. 제가 설교를 하게 되었던 교회 바로 앞에 자전거 구락부가 있었는데 꼭 사람들이 교회에 갈려고 하는 시간 10시 30분에 놀기 위하여 길을 떠났습니다. 수년전만 하더라도 교회의 도시인 부룩클린에서는 이런 일을 묵인하지는 않았을 것입니다.

이때 자전거를 타고 떠난 사람들은 부룩클린의 시시한 사람들이 아니었습니다. 그들은 지도층에 있는 젊은 남자들이었습니다. 그리고 제가 설교한 교회에는 젊은 남자라고는 25명도 채 못되는 것 같이 보였습니다.

여러분의 자전거는 은사가 될 수 있습니다. 그러나 여러분이 하나님의 날을 소비하면서 놀기 위해 타고 다니며 하나님의 안식일을 무시한다면 여러분의 양심은 어떻게 되겠습니까?

그렇다면 자전거가 여러분 자신을 유혹의 길에 들어서게 하는 것이 아니겠습니까? "안식일을 기억하여 거룩되히 지키라" 하나님의 거룩한 날을 노는 날로 만들지 마십시오.

셋째는 그 다음 유혹에는 일요판 신문이 있습니다. 저는 여러분 중의 몇 명이 일요판 신문을 읽느냐고 묻지는 않겠습니다. 여러분은 뉴스를 알기 위해 일요판을 봐야 한다고 생각하실 것입니다. 또 그 신문에는 설교도 있습니다. 대단히 훌륭한 설교입니다. 어떤 사람이 뉴욕시 일요판 신문 일곱을 조사해 봤습니다. 그리고 내용을 정리해 본 즉 다음과 같습니다.

살인과 상해 – 12칸
간통 – 7칸(일요신문의 대서특필입니다)
도난 및 기타 – 24칸
스포츠 뉴스 – 81칸(굉장한 일요신문 기사거리지요)
극장 안내 – 44칸(일요신문에 꼭 있어야 하는 겁니다)
잡담과 유행 – 77칸(이것으로 여러분의 마음이 풍부해질 것입니다. 그렇지요?)
감동적인 화제 – 41칸(사람들은 감동적인 설교를 좋아하지 않으나 일요신문의 41칸의 감동적인 것은 좋아합니다)
소설 –99칸
불순한 사람들의 기사 – 8칸(기독교 신자가 이런 신문을 자기 아이들 앞에 내놓는다고 생각해 보십시요!)
외국 뉴스 – 47칸
정계 뉴스 – 113칸
기타 뉴스 – 92칸
특별 기사 – 199칸
미술과 문학 – 24칸
종교 기사 – 3+1/4칸(일요신문의 훌륭한 설교입니다!)

911과 4분의 1칸의 기사 중에서 겨우 3칸 4분의 1에 해당하는 종교기사입니다. 이것이 일요일에 읽는 것입니다. 가브리엘 자신도

이와 같은 것으로 머리가 꽉 차 있는 청중에게는 귀를 기울이게 하지 못하였을 것입니다. 제가 분명히 말씀드리겠습니다.

우리들이 원하는 바 이러한 일요판 신문을 이 나라에서 완전히 없앨 수 있는 신앙부흥이 있어야 되겠습니다. 한때는 사람들이 토요일 밤에 가게문을 닫고 안식일에는 휴식을 하던 때가 있었습니다. 그때는 마음의 양식을 위해 묵상하고 기도하던 때였습니다. 그러나 지금은 그가 가게문을 닫기는 하나 일요신문에 커다란 광고를 내걸고 다른 날보다 더 큰 장사를 하는 것입니다. "월요일의 헐값"이라고 떠듭니다. 그는 일요판 신문을 주어들고 자기 광고가 바로 나타났나 봅니다. 그리고 그의 아이들은 게임과 한주일 동안에 모아진 괴문을 읽어보려고 기다리고 있습니다. 그리고는 자기 아이들이 타락되었다고 기이하게 생각합니다. 그런데 대부분은 또 기이하게 여기지 않는 것이 더 기이한 현상입니다.

여러분! 여러분의 양심이 어디 있습니까? 저는 여러분의 양심이 다음에 여러분이 일요 신문을 구독하시려 할때 여러분을 책망해 주시기를 원합니다.

그렇습니다. 사람들은 유혹 가운데 바로 걸어들어 가서는 어째서 유혹을 면하지 못하였을까 하고 기이하게 여깁니다. 세상이 요구하는 것은 이러한 문제에 직면하여 설혹 홀로 서야 할 지경이라도 정의의 쪽에 서서 나갈 사람들입니다.

넷째로는 허망한 교리-즉 네 번째 유혹은 허망한 교리와 허망한 선생들입니다.

몇 해 전에 저는 어떤 무신론자에게 세계창조에 대해서 어떻게 설명하느냐고 물었습니다.

"글쎄요"하고 그는 말했습니다. "물질과 힘이 서로 작용하여 우연한 기회에 세상이 생겼지요." 이 대답은 저에게는 흙탕물 만큼이나 분명하다고 생각되었습니다. 만약 물건이 아무렇게나 그렇게 합쳐져서 이루어 졌다면 사람의 발가락이 머리위에 삐져나와 있지 않은 게 참 이상한 노릇입니다. 만일 시계 만든 사람 없이 시계가 저절로 되었다면 아마 한 사람도 믿지 않을 것입니다. 그러나 우리는 이것보다 더 불합리하고 무서운 교리가 있습니다.

어떤 사람은 오늘날 우리들에게 물질이 존재하지 않는다는 것을 믿게 하려 합니다.

사람이 그가 존재한다고 생각합니다. 그러나 실은 그는 존재치 않습니다! 저에게 이것보다 더 기막힌 것은 사람들이 죄라고 하는 것은 존재치 않는다는 것입니다.

이러한 학설을 가지고 있는 어떤 부인에게 저는 이렇게 물었습니다.

"만약 내가 같이 있던 친구의 목숨을 고의적이고 냉혈적으로 되어 폭력으로 죽여 버린다면 당신은 이런 것을 무어라 부르겠소?" 그랬더니 그 여자의 대답이 "그것은 판단의 착오이겠죠"하였습니다. 1895년서부터 1898년까지 4년동안에 이 나라에서는 무려 38,512명의 살인자가 나타났는데 똑같은 기간동안 영국에서는 훨씬 적은 600명의 살인자가 났습니다.

이것을 생각해 보십시오. 메인주에서는 3백명 미만의 생명이 죽었으며 이 나라에서 매 24시간마다 3백명이라는 사람이 술주정꾼의 무덤에 굴러 들어가고 있습니다. 그런데도 죄와 같은 것은 존재하지 않는다고 가르치고 있는 남자와 여자들이 허다 합니다.

오! 여러분 앞으로 나와 이 사람들과 같은 허망한 교리에 대항하십시오.

유혹은 우리 온 주위에 있습니다. 그러나 "유혹을 견디는 자는 축복을 받을 것이되 축복을 받는 자는 시험을 당하고 유혹을 당하는 자가 아니라 견디는 자가 축복을 받나니 왜냐하면 그가 시험당할 때에 생명의 면류관을 받을 것인 까닭입니다."

chapter 05

타락한 자들에게

내가 그들의 반역을 고치고 기쁘게 그들을 사랑하리니 나의 진노가 그에게서 떠났음이니라(호세아 14장 4절)

타락자에는 두 층이 있는데 첫째로, 회개하지도 않고 다만 기독교 단체에 참가하는 형식만을 취해 오다가 믿지 않겠다고 떨어져 나간 이들이니 엄밀히 따지면 타락한 자라고 할 수도 없습니다. 둘째도 거듭나기는 하였으나 빗나간 타락자와 구별할 필요가 있습니다. 이 타락자는 첫사랑을 버린 자이니 돌아오기를 바라지 않을 수 없습니다.

시편 85편 5-7절에는 이런 구절이 있습니다. "주께서 우리에게 영원히 노하시며 대대에 진노하시겠나이까 … 여호와여 주의 인자하심을 우리에게 보이시며 주의 구원을 우리에게 주소서" 다시 8절을 보면 "내가 하나님 여호와께서 하실 말씀을 들으리니 무릇 그의 백성, 그의 성도들에게 화평을 말씀하실 것이라 그들은 다시 어리석은 데로 돌아가지 말지로다"

타락자와 하나님의 말씀

타락자를 돌아오게 하는데는 하나님의 말씀으로 대하는 것 이상의 방법이 없습니다. 그들을 위해서는 구약이 신약과 함께 많은 도움이 됩니다. 예레미야에는 방황하는 자를 위한 훌륭한 성구가 많이 있습니다. 우리의 원하는 바는 타락자에게 주님의 말씀을 들려주는 것입니다. 예레미야서 6장 10절을 잠깐 찾아 봅시다.

"내가 누구에게 말하며 누구에게 경책하여 듣게 할꼬 보라 그 귀가 할례를 받지 못하였으므로 듣지 못하는도다 보라 여호와의 말씀을 그들이 자신들에게 욕으로 여기고 이를 즐겨 하지 아니하니" 이것은 타락자의 조건입니다. 그들은 하나님의 말씀을 즐거워 하지 않습니다. 그러나 우리는 그들이 돌아오기를 바라 그들의 귀에 하나님의 말씀을 들려 주어야 합니다.

14절-17을 읽어 봅시다.

"그들이 내 백성의 상처를 가볍게 여기면서 말하기를 평강하다 평강하다 하나 평강이 없도다 그들이 가증한 일을 행할 때에 부끄러워하였느냐 아니라 조금도 부끄러워 하지 않을 뿐 아니라 얼굴도 붉어지지 않았느니라 그러므로 그들이 엎드러지는 자와 함께 엎드러질 것이라 내가 그들을 벌하리니 그 때에 그들이 거꾸러지리라 여호와의 말씀이니라 여호와께서 이와 같이 말씀하시되 너희는 길에 서서 보며 옛적 길 곧 선한 길이 어디인지 알아보고 그리로 가라 너희 심령이 평강을 얻으리라 하나 그들의 대답이 우리는 그리로 가지 않겠노라 하였으며 내가 또 너희 위에 파수꾼을 세웠으니 나팔 소리를 들으라 하나 그들의 대답이 우리는 듣지 않겠노라 하였도다"

이것은 유대인이 타락하였을 때의 형편을 기록한 것입니다. 그들은 옛날에 달리던 그들이 가야할 길에서 돌아섰습니다. 이것이 즉 타락자의 조건이 되는 것입니다. 타락자들은 옛 좋은 책(성경)에서 도망을 쳤습니다. 아담과 하와가 하나님의 말씀을 듣지 않아 타락하였듯이 그들은 하나님의 말씀을 듣지 않고 사단의 말을 믿었습니다.

하나님의 말씀에서 멀리 떠남으로 해서 타락의 길을 밟게 되는 것입니다.

나는 너희와 다투리라

예레미야 2장에 하나님께서 아버지가 아들을 책망하듯 대역자들을 책망하신 것을 볼 수 있습니다. "나 여호와가 이같이 말하노라 너희 열조가 내게서 무슨 불의함을 보았관대 나를 멀리하고 허탄한 것을 따라 헛되이 행하였느냐… 그러므로 내가 여전히 너희와 다투고 너희 후손과도 다투리라 여호와의 말이니라 … 내 백성이 두가지 악을 행하였나니 곧 생수의 근원되는 나를 버린것과 스스로 웅덩이를 판 것인데 그것은 물을 저축치 못할 터진 웅덩이니라" 지금 우리가 타락자에게 환기시키고자 하는 것은 그들이 하나님을 버려도 하나님은 그들을 버리지 아니하신다는 것입니다. 즉 그들이 떠날지라도 하나님은 그들에게서 떠나지 아니하시고 오히려 이렇게 말씀하십니다. "너희 열조가 내게 무슨 불의함을 보았관대 나를 멀리하느냐?"고. 당신이 처음 보았을 때의 하나님과 오늘의 하나님이 같지 않습니까? 하나님께서 변심을 하였습니까? 오히려 변한 것은 타락자 그들입니다.

타락자들이여 나는 당신들에게 묻겠습니다. "그를 떠나고 그를 멀리할 만한 무슨 불의함이 하나님께 있었습니까?" 하나님께서 말씀하시기를 너희는 스스로 웅덩이를 판 것인데 그것은 물을 저축할 수 없는 터진 웅덩이라고 하셨습니다. 새 피조물이 세상을 만족할 수 없으며, 하늘의 성품을 차지한 영혼이 땅의 우물물로 목마름을 면할 수 없습니다. 그 누구나 생명수의 맛을 본 사람으로서 세상의 명예와 부귀 또는 향락을 누리려 함과 세상의 샘물로써 행복을 얻어 보려는 사람에게는 만족을 주지 못하고 맙니다. 땅의 샘물은 곧 마를 것이니 그들의 심령의 갈급함을 낫게 하지는 못할 것입니다.

다시 2장 32절에 보면 "처녀가 어찌 그 패물을 잊겠느냐 신부가 어찌 고운 옷을 잊겠느냐 오직 내 백성은 나를 잊었나니 그 날 수는 계수 할 수 없거늘" 이 말씀은 하나님이 타락자에게 대한 비난입니다. 나는 이따금 젊은 숙녀들을 보고 "여보시오. 당신은 주님보다 귀걸이를 더 중히 여기는군요"하고 말해서 그들을 깜짝 놀라게 합니다. 그들이 "천만에요! 그렇지 않습니다"고 대답할 때에 "그러면 그것을 잊어버려도 걱정하지 않습니까? 또 찾으려 하지 않습니까?"하고 거듭 물으면 그들은 먼저 보다 수그러지면서 "그럴겁니다"하고 말합니다. 그러나 만일 주님으로부터 떠났다면 조금의 걱정도 하지 않을 것이고 찾을 수 있는 주님을 찾지도 않을 것입니다. 하나님과 더불어 벗 삼아 교제하는 것보다 그들의 옷이나 패물을 더 중히 여깁니다. 사랑은 잊어버리기를 원치 않습니다. 어머니들은 만일 그의 자식이 멀리 떠나서 아무런 소식이 없으면 그 가슴이 찢어지는 듯 아파합니다. 하나님께서도 어버이가 타락한 자식을 나무라듯 하나님을 저버린 자를 나무라십니다.

그리하여 돌아오기를 기다립니다. 그는 이렇게 묻습니다. "너희가 나를 저버리게 된 것이 도대체 웬일인가?"고. 성경전반에 걸쳐서 발견된 가장 부드럽고 사랑스런 구절은 아무런 이유없이 떠나간 패역자들에게 주는 하나님의 말씀입니다. 어떻게 간절히 탓하셨는지 들어 봅시다. "네 악이 너를 징계하겠고 네 반역이 너를 책망할 것이라 그런즉 네 하나님 여호와를 버림과 네 속에 나를 경외함이 없는 것이 악이요 고통인 줄 알라 주 만군의 여호와의 말씀이

니라”(예레미야 2장 19절)

나는 조금도 과장하지 않습니다. 나는 수백명의 타락자들이 돌아오는 것을 보았습니다. 그때 하나님을 떠나 일이 괴롭고 쓰라리다는 것을 발견치 못하였느냐고 그들에게 물어 보았습니다. 당신은 주님을 알고 있는 철저한 타락자를 발견치 못하였을 것입니다.

멀리 떠남은 쓰린 일

이것은 수긍할 것입니다. 패역자를 돌아오게 하는데 이보다 더 잘 인용되는 성경 구절은 못보았습니다. 만일 당신이 먼 나라로 방황한 일이 있다면 당신에게도 적당한 이야기가 될 것입니다. 롯을 보십시오. 롯이 비참한 장면을 보지 않았습니까? 그는 이십년 동안이나 소돔에 살았으나 한 사람의 개심자도 얻지 못하였습니다. 그는 세상편에서 보면 매우 번영하였습니다. 그가 소돔성 안에서 가장 유력하고 쓸모 있는 사람이라고 말하는 이도 있을 것입니다. 그러나 불쌍히도 그의 가정은 파멸하고 말았습니다. 그때 소돔성의 늙은 패역자들이 밤거리를 쏘다니는 것은 두 눈으로는 못 볼 광경이었습니다. 롯은 그의 두 사위들에게 소돔성이 망할 것을 경고하였으나 들은 척도 안하고 농담으로만 여겼습니다.

나는 일찍이 패역한 남녀가 그들의 자식들을 망치지 않는 것을 본 적이 없습니다. 자식들은 종교를 조롱하고 그들의 부모를 비웃을 것입니다. "네 악이 너를 징계하겠고 네 패역이 너를 책할 것이다" 다윗은 그것을 보지 않았습니까? "내 아들 압살롬아 내 아들 압살롬아 내가 너를 대신하여 죽었더면 좋았을 것을 압살롬 내 아들아 압살롬 내 아들아" 내가 생각하기에 이 비탄의 원인이 된 것은 그 아들의 죽음보다도 오히려 그 자신의 파멸에서 일 것입니다.

죄악의 바벨론을 헤매다가

몇해 전 한 노인과 함께 밤을 새우며 이야기한 일이 있었습니다. 그는 죄속에 헤매다가 그날 밤 돌아올 마음이 생겼습니다. 우리는 그의 마음이 밝아올 때까지 기도하고 또 기도하였습니다. 그는 드디어 기쁜 마음으로 돌아갔습니다. 그 이튿날 밤 내가 설교하고 있을 때에는 바로 정면에 앉아 있었습니다. 그때 그의 모습이 어떻게 슬프고 가엾게 보이는지 누구에게도 찾아 볼 수 없는 침울한 표정을 하고 있었습니다. 그는 설교가 끝난 뒤 신앙상담실로 나를 따라왔습니다. "무슨 걱정이 있습니까?" 하고 물어보니 "아닙니다"하고 이런 말을 했습니다. "나는 오늘 직장에 가지 않고 온종일 자식들의 집을 찾아 갔었습니다. 그들은 모두 결혼 한 후 이 도시에서 살고 있었습니다. 나는 그들 집마다 찾아 갔으나 모두 허탕치고 말았습니다. 오늘은 내 생애에 가장 어두운 날입니다. 나는 비로소 내가 한 일을 깨달았습니다. 내가 자식들에게 이 세상의 부귀와 영화만을 가르쳤기 때문에 지금 내가 그들의 그 생각을 버리게 할 수 없게 되었습니다." 주님께서 그에게 구원의 기쁨을 회복시켰으나 그는 아직 그의 잘못으로 인한 쓴 결과가 남아 있었습니다.

당신의 체험을 통해서도 이런 일을 저지를 수 있고 이와 같은 예로 번번이 반복하고 있는 것을 보았을 것입니다. 수년 전 하나님을 섬기고자 이 마을에 많은 사람들이 왔습니다. 그러나 그들은 물질적으로 풍성해지자 하나님을 잊어 버렸습니다. 결과적으로 그들의 자녀는 어디에 있겠습니까? 하나님을 버리고 구차한 세상으로 돌아간 부모들이여! 이제 그대들의 자녀는 멸망의 언덕에 있을 것입니다. 그렇지 않다면 나에게 내 생각이 틀렸다는 증거를 보여 주십시오. 우리가 믿음에 진실하고자 권할 때에는 이들 패역자들에게 경고해야 합니다.

위험을 경고하는 것은 사랑의 표시입니다. 우리는 잠시동안 원수로 보여질 것입니다. 그러나 진실된 친구는 경고의 소리를 높이는 자입니다. 이스라엘에는 모세 이상으로 더 진실한 친구를 찾아볼 수 없습니다. 하나님은 이스라엘 백성을 돌아오게 하고 저 눈물의 선지자 예레미야를 보냈습니다. 그러나 그들은 하나님을 버렸습니다. 애굽에서 떠나게 하여 광야를 통해 가나안 복지로 인도한 하나님을 잊어 버렸습니다. 그들의 물질적인 번영으로 말미암아 하나님을 배역하였습니다. 여호와 하나님은 그들에게 그 결과로서 어떤 일이 일어난다는 것을 먼저 말해 주었습니다.(신명기 28장) 과연 어떤 일이 일어났는지 보십시오. 시드기야 왕은 느부갓네살에게 포로가 되고 왕의 자녀는 왕 앞에서 모두가 살해되고 왕마저 눈알을 뽑히고 쇠사슬에 묶이어 바벨론 감옥에 투옥되었습니다.(열왕기하 25장 7절) 이것은 제가 뿌린 씨를 제가 거두워들인 것입니다.

패역은 반드시 불행을 가지고 옵니다. 그러나 하나님은 그의 말씀을 주심으로 당신에게 기어이 돌아오게 할 것입니다. 예레미야 8장 5절에 보면 "이 예루살렘 백성이 항상 나를 떠나 물러감은 어찌함이냐 그들이 거짓을 고집하고 돌아오기를 거절하도다"라고 했습니다. 이것은 주님께서 그들을 책망하는 말씀입니다.

돌아오기를 거절함

다음 예레미야 8장 6-7절을 읽겠습니다. "내가 귀를 기울여 들은즉 그들이 정직을 말하지 아니하며 그들의 악을 뉘우쳐서 내가 행한 것이 무엇인고 말하는 자가 없고 전쟁터로 향하여 달리는 말같이 각각 그 길로 행하도다 공중의 학은 그 정한 시기를 알고 산비둘기와 제비와 두루미는 그들이 올 때를 지키거늘 내 백성은 여호와의 규례를 알지 못하도다" 이제 보십시오. "내가 귀를 기울여 들은즉 그들이 정직을 말하지 않고"라는 기록과 같이 가정 예배도 보지 않고! 성경도 읽지 아니하고! 기도도 하지 아니하니! 하나님께서는 듣고 싶어 허리 굽혀 계십니다. 그러나 사람들은 배역합니다.

만일 개심한 자가 있어서 하나님의 용서와 옛 자리로 회복하는 일에 대해서 걱정 한다면 그는 예레미야 3장 12절에서 가장 부드러운 말씀을 발견하면 좋은 해결을 보게 될 것입니다. "너는 가서 북을 향하여 이 말을 선포하여 이르라 여호와께서 이르시되 배역한 이스라엘아 돌아오라 나의 노한 얼굴을 너희에게로 향하지 아니하리라 나는 긍휼이 있는 자라 노를 한없이 품지 아니하느니라 여호와의 말씀이니라" 이제 주의해서 볼 말씀이 있습니다.

"너는 오직 네 죄를 자복하라 이는 네 하나님 여호와를 배반하고 네 길로 달려 이방인들에게로 나아가 모든 푸른 나무 아래로 가서 내 목소리를 듣지 아니하였음이라 여호와의 말씀이니라"(예레미야 3장 13절) "너는 오직 네 죄를 자복하라" 이 성경구절을 내가 몇 번이나 타락자들에게 말해 주었는지 알 수 없습니다. 자복하십시오. 하나님께서는 또 "나는 너를 용서하리라"고 말씀하셨습니다. 한번은 이 말을 하니 "누가 그렇게 말했습니까? 어디에 있습니까?"고 묻는 이가 있었습니다. 그래서 성경책을 펼쳐 "너는 오직 네 죄를 자복하라"고 한 구절을 보이니 그 사람이 무릎을 꿇고 "나의 하나님이시여 나는 죄인이로소이다"라고 부르짖었습니다. 그러자 하나님께서 바로 그 자리에서 그를 받아들였습니다. 만일 당신이 방황하고 있다면 하나님께서는 당신이 돌아오기를 바라고 있습니다.

하나님께서 다른 구절에서 말씀하신 적이 있습니다.

"에브라임아 내가 네게 어떻게 하랴 유다야 내가 네게 어떻게 하랴

너희의 인애가 아침 구름이나 쉬 없어지는 이슬 같도다”(호세아 6장 4절)

하나님의 동정과 사랑은 참으로 놀라운 것입니다.

예레미야 3장 22절에는 “배역한 자식들아 돌아오라 내가 너희의 배역함을 고치리라 하시니라 보소서 우리가 주께 왔사오니 주는 우리 하나님 여호와이심이니이다”

하나님은 배역자의 입에서 이 말이 나오기를 기다리십니다. 돌아오기만 하십시오. 만일 돌아오기만 한다면 하나님께서는 당신을 인자하게 받아들이고 마음껏 사랑해 주실 것입니다.

호세아 14장 1절-4절을 봅시다.

“이스라엘아 네 하나님 여호와께로 돌아오라 네가 불의함으로 말미암아 엎드러졌느니라 너는 말씀을 가지고 여호와께로 돌아와서 아뢰기를 모든 불의를 제거하시고 선한 바를 받으소서 우리가 수송아지를 대신하여 입술의 열매를 주께 드리리이다 우리가 앗수르의 구원을 의지하지 아니하며 말을 타지 아니하며 다시는 우리의 손으로 만든 것을 향하여 너희는 우리의 신이라 하지 아니하오리니 이는 고아가 주로 말미암아 긍휼을 얻음이니이다 할지니라 내가 그들의 반역을 고치고 기쁘게 그들을 사랑하리니 나의 진노가 그에게서 떠났음이니라”

자 이것을 보십시오. 돌아오라! 돌아오라! 돌아오라! 이 구절은 돌아오라로 가득 찼습니다.

만일 지금 당신이 헤매고 있다면 당신이 하나님을 버린 것이지,

하나님이 당신을 버린 것이 아님을 명심하십시오. 당신이 들어간 패역의 골짜기 속으로부터 빠져 나오지 않으면 안됩니다. 만일 당신이 주님을 버리던 때와 같은 길을 다시 걸어가고 있다면 당신은 그대로 패역의 길에서 하나님의 진노를 받게 될 것입니다.

배교자는 예수를 세상의 친구보다 못하게 여김

친구처럼만 대하였어도 그를 버리지 못하였을 것이요 배신자가 될 수 없었을 것입니다. 내가 단 한 주일 동안 일지라도 한 마을에서 살다가 거기서 떠난다고 하면, 그 동안에 사귄 친구와 아무런 작별 인사도 없이 훌쩍 떠나버릴 수는 없을 것입니다. 한마디 말도 없이 차를 타고 떠난다면 "어찌된 것인가?"하고 서운해 할 것이요 나는 욕을 먹어도 당연한 것입니다. 그럼 과거에 타락자들이 그리스도에게 "안녕히 계십시오"하고 작별 인사를 고했다는 말을 들었습니까? 골방에 들어가서 "주님 내가 당신을 안지 십년 이십년 혹은 삼십년이 되었습니다. 그러나 나는 당신을 섬기기에 지쳤고 당신의 멍에는 쉽지 않고 당신의 검은 가볍지 않았습니다. 그래서 나는 세상으로 돌아가렵니다. 잘 먹고 잘 입은 애굽으로 가렵니다. 잘 계십시오. 주님"하고 고별인사를 한 적이 있습니까? 천만에 말씀! 당신은 하지도 않았고 하려고도 않을 것입니다. 만약 당신이 세상 문을 닫아 버리고 골방에 들어가 주님 앞에 터 놓고 이야기 한다면 주를 떠나지 못할 것입니다.

"당신을 두고 내가 누구에게 가오리까? 당신에게는 영생의 말씀이 있사옵니다"(요한복음 6장 68절)라고 하는 양심의 소리가 들릴 것입니다. 그랬다면 세상으로 돌아가지 못하였을 것입니다. 그러나 당신은 일언반구의 인사도 없이 주를 버리고 도망쳤습니다. 당신은 헤아릴 수 없는 오랜 시일 동안 주를 잊었습니다. 지금 곧 돌아오십시오. 선 그 자리에서 결정하십시오. 하나님이 당신에게 구원의 기쁨을 다시 주실 때까지는 당신의 마음이 평안치 못할 것입니다. 콘월에서 한 신사가 한번은 타락자로 알려진 신자를 거리에서 만나자 그에게 가까이 가서 "당신과 주님 사이에 어떤 틈이 생기지 않았습니까? 말씀해 주세요"라고 말하니 그 사람은 머리를 숙이면서 "예, 그렇습니다."라고 대답하였습니다. "주께서 당신에게 무슨 잘못이라도 있었습니까?"라고 묻는 질문에 대하여 그는 아무 대답 없이 다만 빗물처럼 쏟아지는 눈물을 흘릴 뿐이었습니다. 요한계시록 2장 4절-5절에는 이렇게 쓰여지고 있습니다.

"그러나 너를 책망할 것이 있나니 너의 처음 사랑을 버렸느니라 그러므로 어디서 떨어졌는지를 생각하고 회개하여 처음 행위를 가지라 만일 그리하지 아니하고 회개하지 아니하면 내가 네게 가서 네 촛대를 그 자리에서 옮기리라"

"처음 행위를 가지라"는 말씀에 대하여 어떤 이들은 잘못 생각하는 경향이 있는데 주의하시기 바랍니다. 처음 회개하는 때와 같은 체험을 다시 해야 되는 줄로 알기 때문에 많은 사람으로 하여금 몇 달 동안 번민케하여 평안을 빼앗아 왔던 것입니다. 그들은 처음 체험을 재현시키기를 기다렸으나 처음 하나님께 나온 때의 그 같은 체험이 다시 올 리 없는 것입니다. 하나님 자신부터 되풀이 하지 않습니다. 땅 위에 수억만의 사람이 있지만 똑 같은 얼굴을 하였거나 똑 같은 생각을 하는 사람은 없습니다. 혹 쌍둥이를 구별치 못한다고 하실지 모르지만, 그들과 친밀하게 되면 어딘가 다른 것을 발견하게 됩니다. 이와 같이 또 한 사람이 두 번 똑 같은 체험을 할 수 없습니다.

만약 하나님이 당신의 심령위에 기쁨을 회복해 주신다면 하나님께서 원하시는 그의 방법대로 하게 하십시오. 하나님이 당신을 축복하는 방법에 대해서 신경을 쓸 필요까지는 없습니다. 이년이나 혹은 이십년 전의 체험을 다시 하기를 기다리지 마십시오. 당신은 새로운 체험을 얻게 될 것입니다. 그리고 하나님은 그 자신의 방법으로 처리하실 것입니다.

우리가 하나님의 뜻에서 빗나가 헤매던 것을 자복하면 하나님께서 우리에게 구원의 기쁨을 다시 회복하여 주십니다.

베드로의 실수

베드로가 실수한 그 태도에 대해서 주의해 봅시다. 모든 실수가 거의 베드로와 같은 태도에서 일어납니다. 나는 실족지 않은 이들에게 "그런즉 선 줄로 생각하는 자는 넘어질까 조심하라"(고린도전서 10장 12절)고 경고하고 싶습니다. 25년전 내가 회개한 후 20년 동안만 계속해서 넘어지지 않고 서 있을 수 있다면 그때는 넘어질까 두려워 할 필요도 없을 것이라고 생각한 일이 있습니다. 그러나 아닙니다. 십자가에 가까이 갈수록 싸움은 더 심합니다.

사단은 늘 높은 곳을 겨눕니다. 사단은 열두 제자 중에 중진인 가룟 유다와 수제자인 베드로를 택하였습니다. 실족한 이들은 그들의 강한 성격이 그렇게 만듭니다. 에딤벌그성은 파수병이 안전하다고 믿던 험한 절벽쪽으로 침공을 당했다는 이야기를 들었습니다. 혹 어떤 분이 어떠한 점에 있어서 사단으로 능히 물리칠 수 있다고 생각하신다면 바로 그 점에 특별한 주의가 필요합니다. 왜냐하면 사단은 그런 때에 침입하기 때문입니다.

아브라함도 그랬듯이 믿음의 조상이라고 불리워지는 그가 애굽에서 그의 아내를 누이라고 하였습니다.(창세기 12장) 모세는 겸양으로 유명한 사람이었으나 가나안 땅에 들어가는 것을 하나님께서 허락하시지 않았습니다. 그 까닭은 그가 여호와로부터 회중과 짐승이 마실 수 있도록 샘물이 나게 바위에게 명령하라는 지시를 받고 "패역한 너희여 들으라 너희를 위하여 이 반석에서 물을 내랴"(민수기 20장 10절)는 성급한 언행으로 하나님을 영화롭게 하지 않았기 때문입니다.

엘리야의 비겁

엘리야는 용기가 대단하였습니다. 그러나 한번은 어떤 여인으로부터 편지를 받고는 스스로 광야로 하루길쯤 들어가 로뎀나무 아래 앉아서 비겁한 사나이처럼 하나님께 죽기를 구했습니다(열왕기상 10장). 누구든지 비록 성직에 있을지라도 만일, 제 잘난 체 한다면 반드시 실족하고 맙니다. 그리스도를 따르는 우리는 항상 겸손하도록 끊임없는 기도가 있어야 합니다. 모세의 얼굴이 빛나는 것을 보고 다른 사람들은 무서워 하였으나 모세 자신은 자기의 얼굴이 빛나는 줄 몰랐습니다. 사람의 마음이 거룩해지면 거룩해질수록 그의 언행은 세상에 나타납니다. 어떤 이는 그 자신이 무척 겸손하다고 자랑합니다. 그러나 만일 그들이 참으로 겸손하다면 그것을 말하지 않을 것입니다. 등불 있는 집은 주위에 알리기 위해 북을 치거나 나팔을 불지 않아도 등불 자체가 증거합니다. 이와 같이 내 마음에 빛이 있다면 광고하지 않아도 자연히 사람들이 알게 됩니다. 경건한 자는 나팔을 불지 않습니다.

내가 사는 곳에서 그리 멀지 않은 곳에 스코치라고 부르는 작은 시내가 흐르고 있습니다. 큰 비가 오면 흘러가는 여울물 소리가 요란합니다. 그러나 개인 날이 며칠 계속하면 시내는 아주 조용해집니다. 반면에 우리집 앞에 있는 큰 강은 일생동안 흐르는 물소리를 듣지 못했습니다. 하지만 쉬지 않고 일년 내내 무게 있게 위엄 있게 흘러갑니다.

나타내려 하지 않아도 나타나는 거룩한 사랑을 우리 마음 가운데 지니기를 바라마지 않습니다.

베드로의 자신

베드로가 넘어지게 된 첫째 단계는 그 자신이었습니다. 주님은 그것을 아시고 먼저 경고하였습니다. "시몬아, 시몬아, 보라. 사탄이 너희를 밀 까부르듯 하려고 요구하였으나 그러나 내가 너를 위하여 네 믿음이 떨어지지 않기를 기도하였노니 너는 돌이킨 후에 네 형제를 굳게 하라"(누가복음 22장 31-32절)고. 그러나 베드로가 대답하기를 "주여 내가 주와 함께 옥에서 죽는데도 가기를 준비하였나이다" "다 주를 버릴지라도 나는 언제든지 버리지 않겠나이다"(마태복음 26장 33절) 야고보와 요한 그리고 모두가 다 주를 버릴지라도 그러나 주께서 나를 볼 수 있을 것입니다고 했으나, 주님께서는 그를 경계하시며 "베드로야 내가 네게 말하노니 오늘 닭 울기전에 네가 세 번 나를 모른다고 부인하리라"(누가복음 22장 34절)고 일러 주었습니다. 비록 주님께서 그를 책망하고 베드로는 죽도록 주님을 따를 준비가 되어 있다고 호언했으나 자만이라는 것은 늘 넘어지는 전조가 됩니다. 우리는 겸손하고 온유하여야 합니다. 우리에게는 무서운 유혹이 따릅니다. 방심하는 순간에 그만 넘어져 그리스도에게 욕을 돌립니다.

베드로가 두 번째 실수한 단계는 그가 잠을 잔데 있습니다. 겟세마네 동산에서 베드로가 잠시 동안도 깨어 있지 못하고 잠에 떨어졌습니다. 그러자 주님께서 "너희가 나와 한시 동안도 이렇게 깨어 있을 수 없더냐"(마택복음 26장 40절)고 그를 나무랐습니다.

셋째로는 그가 육신의 힘으로 싸운 것입니다. 주님께서 그를 꾸짖으며 "네 검을 도로 집에 꽂으라 검을 가지는 자는 다 검으로 망하느니라"(마태복음 26장 52절)고 말씀하셨습니다. 주님은 로마 병정의 귀를 뗀 그의 칼을 도로 꽂게 하였습니다.

그 다음으로 실수한 것은 그가 너무 멀리서 따른 것입니다. 그리하여 한 발자국 한 발자국 점점 멀어져 갔습니다. 예수를 믿는 사람들이 주님을 멀리 떨어져 따르는 것은 슬픈 일입니다.

신자들이 세상친구와 교제하고 나쁜 방면에 마음이 동하고 주를 멀리서 따르게 될 때 집안을 망신시키기가 쉬우며, 그리스도는 집안의 친구에게 상처를 입게 되고 그뿐만 아니라 그 사람은 또 자기가 넘어진 것과 같이 다른 사람까지도 넘어지게 할 것입니다.

또 하나의 그릇된 길

마지막으로 베드로는 그리스도의 원수들과 가깝게 알고 있었습니다. 한 소녀가 이 대담한 베드로에게 "너도 갈릴리 사람 예수와 함께 있었도다"고 하였을 때 베드로는 여러 사람 앞에서 이 말을 부인하였습니다. "나는 네 말하는 것이 무엇인지 알지 못하겠노라" 하고 앞문에 나가니 다른 소녀가 그를 보고 거기 있는 사람들에게 말하여 "이 사람은 나사렛 예수와 함께 있었도다"고 하니, 베드로가 맹세하고 또 말하기를 "내가 그를 알지 못하노라"고 부인했습니다. 얼마 있다가 곁에 섰던 사람들이 나와 베드로에게 묻기를 "너는 진실로 그 당이라 네 말소리가 너를 표명한다"고 하였더니 베드로는 성이 나서 저주하며 맹세하면서 다시 그의 주님을 부인하자 곧 닭이 울었습니다(마태복음 26장 69절, 74절).

그는 자신의 장점에서 시작해서 한 걸음 한 걸음 내려와 주님을 알지 못하노라고 맹세하고 저주하는 데까지 이르렀습니다. 주님은 그를 돌아다보시며 이렇게 말하였을 것입니다.

"베드로야 그것이 사실이냐? 네가 그렇게 빨리 나를 잊었느냐? 너의 장모가 열병이 들었을 때 내가 마귀를 쫓아 고쳐준 것을 잊었느냐? 네가 고기를 한 그물 잡은 뒤 놀래며 말하기를 주님이시여 나를 떠나소서 나는 죄인이로소이다 하던 일을 생각 않느냐? 주여 나를 구하소서! 죽게 되었나이다하고 외칠 때 내가 팔을 내밀어 물에 빠져가는 것을 건져 준 것을 기억하지 못하느냐? 야고보와 요한과 함께 변화산에서 네가 내게 말하기를 주여 여기가 조용하오니 장막 셋을 지읍시다 한 것을 잊어버렸느냐? 최후의 만찬석에서 그리고 겟세마네 동산에서 나와 함께 한 것을 벌써 잊었느냐?"

주님은 이와 같은 지난 일을 들어서 그를 나무랐을 것입니다. 그러나 주님은 상상과는 천양지판으로 달랐습니다. 베드로에게 던지는 주님의 말씀에는 대담한 제자의 가슴을 터뜨릴 사랑으로 가득 차 있었습니다. 그래서 베드로는 밖에 나가 대성통곡을 하였습니다. 그리스도께서 부활하신 후 주를 부인하였던 그 제자에게 얼마나 부드럽게 대하였습니까?

마가복음 16장 7절에 보면 천사는 특별히 "그의 제자들과 베드로에게"라고 베드로의 이름을 지적하였습니다. 비록 세 번이나 그를 부인하였어도 주님은 베드로를 잊지 않았습니다. 그래서 이 친절한 특별 사명을 천사로 하여금 뉘우친 제자에게 전달케 하였습니다.

얼마나 온유하고 사랑 많은 주님이십니까? 친구여! 만일 그대가 주님을 저버리고 헤매고 있다면 주님의 사랑의 눈이 그대를 돌아오게 할 것이며 그대에게 구원의 기쁨을 가지게 할 것입니다. 끝맺기 전에 하나님께서 타락자들에게 이 글을 읽고 돌아오게 하시며, 장차 교회의 유능한 교인이 되고 교회의 빛나는 공로자로 만드실 것으로 믿습니다. 다윗이 돌아오지 않았다면 우리는 "허물의 사함을 얻고 그 죄의 가리움을 받은 자는 복이 있도다"로 시작되는 시편 32편과 패역에서 돌아서서 쓴 아름다운 시편 51편을 얻지 못하였을 것입니다. 하나님께서 이제 다른 패역자들을 돌이키사 그의 영광을 위하여 전보다 몇천배 유용한 자로 만드실 것입니다.

chapter 06

회개와 용서

회개하라 천국이 가까웠느니라(마택복음 4장 17절)

회개는 성경의 근본 교리의 하나입니다. 오늘날 많은 사람들이 조금씩 이해하고 있다는 것은 여러 진리중의 하나에 지나지 않습니다. 많은 교리들도 그렇지만 회개, 중생, 속죄 그리고 그와 같은 기독교의 기본적인 진리에 대해서도 오늘날 무식한 사람들이 얼마나 많은지 알수 없습니다. 그래서 우리는 이것에 관해서 어릴 때부터 이렇게 들어왔습니다. 만일 내가 회개의 정의에 대해서 질문을 한다면 대다수의 사람이 그릇된 이상한 대답을 할 것이라고!

사람은 언제 복음을 받아들일 준비를 하는가?

사람이 죄악으로부터 돌아 서서 회개할 준비가 덜 되었으면 아직도 복음을 받아 들이거나 믿을 단계가 못된 것입니다. 세례요한이 그리스도를 만날 때까지 "천국이 가까이 왔으니 회개하라"(마태복음 3장 2절)고 빈들에서 외쳤습니다. 그러나 그가 이 소리만 계속하고 하나님 어린 양이신 그리스도를 증거하지 않고 그쳤었던들 그의 공로는 매우 적어졌을 것입니다. 예수께서 처음에는 세례요한이 빈들에서 외친 것처럼 "회개하라 천국이 가까웠느니라"(마태복음 4장 17절)는 외침으로 시작하였습니다. 주께서 제자들을 내 보내실 때도 "사람들아 회개하라"는 같은 말을 하였습니다(마가복음 6장 12절). 예수께서 승천하신 후 성령이 강림하였을 때 베드로가 오순절에 나서서 "회개하라"는 같은 말을 외쳤습니다. 바로 이 회개하고 복음을 믿으라는 외침이었습니다. 그리하여 놀라운 성과를 거두었던 설교가(사도행전 2장 38-47절) 사도 바울이 아덴에 갔을 때에 그도 역시 "알지 못하던 시대에는 하나님이 간과하셨거니와 이제는 어디든지 사람에게 다 명하사 회개하라 하셨으니"는 같은 말을 외친 것을 우리가 알고 있습니다(사도행전 17장 30절).

회개가 무엇이냐에 대해서 말하기 전에 회개가 아닌 것은 어떤 것인가를 대략 이야기하여 봅시다. 첫째 회개는 공포심이 아닙니다. 많은 이들이 이것을 혼동하여 무섭고 놀라지 않으면 회개가 아닌 것으로 잘못 알고 그 자신위에 별격처럼 어떤 무서운 것이 떨어지기를 기다리고 있습니다. 가령 놀랐다고 하여도 그것이 바로 회개한 것은 아닙니다. 평소에 매우 경건치 못한 사람들일지라도 바다에서 폭풍우를 만나 위험에 부딪치면 그 마음이 경건해지고 하나님의 자비를 강구하게 됩니다. 그렇다고 해서 그들을 회개하였다고 말할 수 없습니다. 위기가 지나가면 또 전과 같은 불경한 생활이 계속됩니다.

하나님께서 그와 그의 나라에 심한 재난을 내릴 때 뉘우친 애굽의 바로왕 일이 생각납니다. 그러나 그것은 온전한 회개가 아니었습니다. 하나님의 손길이 바로의 마음에서 떠나자 마자 바로의 마음은 전보다 더 완악하여 졌습니다. 그는 그의 죄악에서 돌아서지 못하였습니다. 그것을 참된 회개라고 할 수 없습니다. 가족 중에 누가 죽었을 때 남은 가족들은 마음이 경건해지는 일을 자주 볼 수 있습니다. 그러나 그것은 몇 달도 못되어 다 잊어버리고 맙니다. 이 글을 읽는 이들 가운데도 그런 체험이 있는 분도 계실 것입니다.

심령위에 하나님의 손길이 얹어질 때는 뉘우치는 것같이 보이나 시련이 지나가면 어떻게 됩니까? 얼마 안가서 감격은 사라지고 맙니다.

회개는 감정이 아닙니다

또 회개는 감정이 아닙니다. 많은 사람들이 어떤 이상한 흥분된 감정에 압도되기를 바라고 있는 것을 보았습니다. 그들은 하나님께 가까이 가기를 원하기는 하나 어떤 흥분된 감정이 일어나기 전에는 갈 수 없는 줄로 압니다. 제가 볼티모아에 있을 때 매주일 형무소 죄수들에게 설교를 하였습니다. 죄수들이 구백여명이나 되었는데, 그 가운데 자기가 불쌍한 인간이라는 것을 전연 느끼지 못하는 사람은 한 명도 없습니다. 그들은 다정다감한 사람들이었습니다. 입감된 일주일이나 열흘 동안은 종일 울고 지냅니다. 그러나 그들이 출옥 할 때는 거의 전부가 전과 같은 생활로 되돌아 갑니다. 재판정에서는 꽤 뉘우치는 것같이 보이지만 그것은 거의 형을 언도 받기 때문이지 하나님 앞에 죄를 고하고 참회하는 것이 아닙니다. 재판장이 마치 진실한 회개를 시키는 것 같지만 감정은 너무도 빨리 지나가 버리고 맙니다.

또 회개는 금식이나 고행하는 것이 아닙니다. 사람이 일주일이나 한달이나 일년 동안이라도 금식 할 수 있으나 죄를 회개하지는 못합니다. 회개는 후회하는 것과는 또 다릅니다. 가룟 유다는 목을 달아 맬 만큼 통회를 하였으나 회개한 것은 아닙니다. 그가 고개를 숙이고 주님께 가서 그의 죄를 자복하였더라면 죄 사함을 받았을 것을 믿습니다. 그러나 그는 주님 대신에 제사장에게 찾아 갔고 마침내 생명을 끊었습니다. 사람이 여러 가지 형태의 후회를 할 수 있을 것입니다. 그러나 그것이 참된 회개는 아닙니다. 영혼의 죄를 위하여 육신의 결심을 바친다고 하나님의 요구에 합당할 수 없습니다. 그러한 망상을 버려야 합니다.

또 회개는 죄를 뉘우치는 것이 아닙니다. 이 말이 이상하게 들릴지도 모르겠습니다.

어떤 이가 밤에 잠을 자지 않고 밥 숟가락도 들지 않고 죄를 말끔히 뉘우치는 것을 본 일이 있습니다. 이런 상태로 한달 동안이나 계속하였습니다. 그러나 아직 회개한 것은 아닙니다. 죄를 뉘우치는 것과 회개를 혼동해서는 안 됩니다.

회개는 기도하는 것도 아니다

이것은 이상하게 들릴지도 모르겠습니다. 사람들은 영혼의 구원을 근심한 나머지 "나도 기도하고 성경을 읽습니다"라고 말하고 나서 그들의 소원하는 결과에 이르게 되리라고 생각합니다. 그러나 그렇게 되지 않습니다. 성경을 읽으며 우는 것이 회개하는 것이 아닙니다. 많은 사람들이 하나님께 큰 소리로 외친 것으로도 아직 회개한 것이 못 됩니다.

또 회개는 어떤 하나의 죄를 끊어 버리는 것이 아닙니다. 대다수의 사람들은 이것을 잘못 생각합니다. 어떤 술주정꾼이 서약서에 도장을 찍고 술마시는 것을 금하였다고 합시다. 어떤 나쁜 버릇을 끊는다고 회개가 아닙니다. 하나의 악벽을 버리는 것은 큰 나무를 넘어뜨려야 할 때 그 나무의 한 가지만 자르는 것과 같습니다. 경건하지 못한 사람이 그 마음을 버렸다고 해도 모든 죄악을 다 벗어

버리지 않으면 회개한 것이 아니요, 그 영혼위에 하나님이 역사 하시지 않습니다. 나무 원통을 찍어 넘길 때만이 하나님이 함께 하십니다.

모든 죄악에서 완전히 해방된 사람을 하나님은 기뻐하십니다. 배를 타고 바다를 떠났다고 합시다. 배에 구멍이 다섯 군데나 뚫어져 물이 새고 있는 것을 발견하여 그 중 한 구멍을 막았다고 합시다. 그러나 그 다섯 구멍을 다 막지 않으면 배는 가라 앉고야 말 것입니다.

또 내가 다섯 군데나 상처를 입었다고 합시다. 한 곳을 치료했습니다. 나머지 네 곳의 상처를 그냥 두면 결국 생명을 잃게 될 것입니다.

참 회개는 한두 가지 드러난 죄만 끊는 것이 아닙니다.

그러면 참 회개는 무엇일까요?

이제 당신은 회개라는 것이 무엇인가 반문하실 것입니다. 이것에 대해서 나는 좋은 정의를 내려 보겠습니다. 즉 그것은 "뒤로 돌아가"라는 것입니다. 또한 회개란 단어는 "뒤로 돌아가라"라는 뜻을 잘 나타내고 있습니다. 이것은 한 방향으로 가던 사람이 뒤로 돌아 설 뿐만 아니라 정확하게 반대 방향으로 걸어 간다는 것입니다. "돌아오라, 돌아오라, 어찌 너는 사망의 길로 가느뇨?" 감격이야 적던 많던 간에 죄악에서부터 돌아서지 않는 이상 하나님은 그에게 자비를 베푸시지 않을 것입니다. 회개는 또 "마음의 변화"라고 말하고 있습니다.

예수께서 하신 비유의 말씀에서 예를 들어 봅시다. "어떤 사람이 두 아들을 가졌는데 맏아들을 보고 오늘 포도원에 가서 일하라"하니 대답하여 가로되 "가겠나이다"하더니 가지 아니하고, 둘째 아들에게 가서 또 이같이 말하니 대답하여 가로되 "싫소이다"하더니 (마태복음 21장 28-29절) 둘째 아들은 싫다고 하였으나 얼마 후에 그것을 뉘우치고 마음을 돌이켰습니다. 아마 둘째 아들이 마음 속으로 이렇게 생각했을 것입니다. "나는 아버지께 매우 불손하게 대답한 것이 아닐까? 아버지께서 일하라고 하셨는데 못 가겠다고 하였으니 잘못이 아닐까?" 그러나 그가 이런 생각만 하고 일하러 가지 않았다고 하면 회개한 것은 아닙니다.

그는 잘못하였다고 뉘우친 것 뿐만 아니라 밭에 가서 쟁기질이나 김을 매는 일이나 무엇인가를 했습니다. 이것이 그리스도의 회개의 정의입니다. 만일 어떤 사람이 "하나님의 은혜로 자기 죄악을 버리고 하나님의 뜻대로 하오리다"라고 한다면 이것이 회개요, "뒤로 돌아가"라는 것입니다. 어떤 사람이 말하기를 "사람이 하나님의 얼굴을 외면하고 태어났다가 참으로 회개할 때에 비로소 하나님을 향해 올바르게 돌아서며 낡은 생활에서 떠난다"고 합니다.

사람이 즉석에서 회개할 수 있을까?

분명히 할 수 있습니다. 돌아서는 데는 긴 시간이 필요하지 않습니다. 마음을 바꾸는데 반년이나 걸리는 것이 아닙니다. 뉴파운드랜드 해안에서 배 한 척이 침몰한 일이 있었습니다. 배는 해안을 달리다가 부딪치기 바로 직전 선장의 지휘에 의하여 뱃머리를 돌리게 하기에는 시간이 너무 짧았습니다. 그 순간에 무사히 회전 시킬 수 있었다면 그 배는 구출 되었을 것입니다. 그러나 불행하게도 그 순간을 놓치고 말았던 것입니다. 이와 같이 각자 각자가 암흑의 생활을 멈추고 "하나님의 은총으로 이 이상 더 사망과 파멸의 구렁텅이를 향하여 달리지 않으렵니다. 내 모든 죄를 자복하고 죄악으로부터 돌아서겠습니다"라고 말할 수 있는 극히 짧은 한 순간 밖에 없다고 나는 믿습니다. 지금이 바로 그 순간입니다. 당신은 감화 감동이 충분치 못했다고 말할지 모르나, 당신이 그릇된 길을 걷고 있었다는 것을 뉘우친다면 당장에 뒤로 돌아서서 "죄악과 반역의 길을 더 계속하지 않겠습니다"라고 하십시오. 그리하여 기쁜 마음으로 광명의 하나님을 향하여 나아 간다면 구원은 틀림없이 당신의 것이 될 것입니다. 앞에서 말한 바와 같이 내가 본 성경안에 기록된 회개는 다 즉각적인 것이었습니다. 회개와 믿음은 갑자기 옵니다. 결심하는 순간에 하나님이 힘을 주십니다. 하나님께서는 행할 능력이 없는 사람에게는 하라고 요구하지 않습니다. 하나님이

"사람을 다 명하사 회개하라"(사도행전 17장 30절)는 말씀도 능력없는 사람에게는 말하지 않습니다. 회개치 않고 믿지 않는다고 누구에게 불평할 수 있을까요?

회개의 회고록

오하이오주에 복음전도 목사 한분께서 그가 회개하게 된 회고록을 편지로 써 보내 왔습니다. 그 편지에는 즉각적인 결심을 잘 보여 주었습니다. 편지 내용은 이러했습니다.

나는 열아홉 살 때 버몬트에서 기독신자인 변호사와 함께 법률 공부를 하고 있었습니다. 어느 날 오후 변호사가 외출하였을 때 그의 부인이 집에 들어오라고 하여 "오늘 저녁 함께 집회에 가실 수 없겠습니까? 선생님께서 꼭 신자가 되셔서 저의 남편이 외출하실 때는 가정예배를 인도해 주셨으면 좋겠습니다"고 하기에 나는 아무 생각없이 "예, 그렇게 하겠습니다"라고 대답하였습니다. 내가 저녁에 다시 갔을 때에 그 부인은 먼저 내가 한 대답이 진실성 있는 대답인가 아닌가를 물었습니다.

"함께 가는 것이라면 따라 가겠습니다"라고 대답하였으나 그것은 예의상 그렇게 말한 것입니다. 그래서 전에 몇 번 가본 일이 있는 작은 교회에 그 부인과 함께 갔습니다.

벌써 열두 명이 와 있었습니다. 사회자가 나와 두 명 정도 빼놓고는 방안에 있는 모든 사람과 이야기 하였습니다. 그가 나에게 묻는다면 무슨 말을 할까 하고 생각하고 있을 때 사회자는 내 옆의 사람과 이야기를 하였습니다.

'나는 어느 때에 신자가 될 결심을 하게 될까? 왜 지금부터는 시작하지 못할까?' 나 자신에게 이렇게 물어 보았습니다. 이런 생각이 내 머리를 스치고 가자 일분도 채 못 되어 그는 나에게 다정스럽게 이야기를 걸기 시작했습니다. 그는 나를 잘 알고 있었습니다. "챤스씨 말씀하실 것이 있습니까?" 나는 침착한 어조로 "네, 있습니다"라고 대답하였습니다. "나는 마지막 삼십초 동안에 기독교 신자의 생활을 시작할 것을 결심하였습니다. 그러니 저를 위해서 기도해 주시면 감사하겠습니다." 나의 침착한 어조에 놀란듯 한 그는 나의 결심을 의심하는 것만 같이 보였습니다. 기독신자로서 주의할 점을 일러준 후에 그는 나를 보고 말하기를 "챤스씨, 오늘 예배를 당신의 기도로 끝내 주시면 좋겠는데요"라고 했습니다.

그는 내가 아직 공중 기도를 해 본 일이 없다는 것을 알고 있었습니다. 이 순간부터는 나는 아무런 감각이 없어지고 말았습니다. 순전히 사무적인 처리였습니다.

처음에는 나는 할 수 없다고 사양할까 하였으나 나는 이미 기독신자의 생활을 시작하기로 한 이상 이것도 그 일부라 생각하고 마음을 가다듬은 후 "기도합시다"라고 말했습니다. 나는 그 동안에 무릎을 꿇기 시작하였습니다. 내 무릎이 마루 바닥에 닿자 내가 한

첫말은 "영광의 하나님이시여"였습니다. 그 뒤에 무슨 말을 하였는지 지금 나는 모르겠습니다. 그것은 또 문제도 안됩니다. "영광"이라는 말 이외에 나의 영혼을 채워준 그 이상의 것이 없었기 때문입니다. 그 뒤부터 사단은 감히 회심한 내 마음에 도전해 오지 못하였습니다. "그리스도께 찬양할지어다!"

많은 사람들이 무엇인가 밝히 표현은 못하지만 어떤 신비스러운 감각이 도둑같이 임하기를 기다리고 있었습니다. 즉 신비스러운 신앙을 말합니다. 몇해전이 됩니다만 어떤 이에게 전도를 하는데 그는 언제나 똑같은 대답만 하고 회개하지 않았습니다. 5년 동안을 그리스도께로 인도하려 노력하였으나 "아직 내 마음에 감동이 없습니다"라고 같은 대답만 되풀이 하였습니다. "선생님 그건 무슨 말씀이지요?" 그가 말하기를 "네, 내 마음에 감동이 있을 때까지 신자가 되고 싶지 않다는 말입니다. 그리고 실상 아직까지 감동을 받지 못하였습니다."라고 했습니다. "당신이 생각하는 것처럼 나는 그렇게 생각할 수 없습니다. 그런데 당신이 죄인인 것을 알지 못하십니까?" "네, 죄인인 것을 알고 있습니다." "그럼 하나님께서 당신에게 은혜를 베푸셔서 죄를 사해 주시려고 하는 것을 알지 못하십니까? 하나님께서는 당신이 회개하고 하나님께 돌아오기를 기다리고 계십니다." "예, 압니다. 그러나 아직 내 마음에 감동을 받지 못했습니다." 이렇게 말을 주고 받으며 그 마을로 돌아갔습니다.

가엾게도 그는 결심하지 못한 채로 무덤 속에 파묻히고 말았습니다. 회개하도록 6년이란 긴 여유를 주었으나 마지막까지 "내 마음을 감동시키지 못했다"는 말 밖에 하지 못하였습니다.

이상한 감정을 기다리고 있습니까?

성경 어느 곳에도 기다리라고 한 말은 없습니다. 하나님은 지금 곧 회개하라고 명령하고 계십니다. 죄 사함을 받고자 하지 않는데 하나님께서 죄를 사하실 수 있다고 생각하십니까? 그런 마음에 하나님이 죄를 사해 주신다면 행복하겠습니까? 회개하지 아니하고 하늘 나라에 들어간다면 그에게는 하늘 나라가 지옥이 될 것입니다. 하늘 나라는 준비한 사람을 위하여 준비된 곳입니다(Heaven is a prepared place for a prepared people). 비록 아들이 잘못하였다 해도 회개하지 않으면 그 아들을 바르게 하기 위하여서도 용서할 수 없습니다.

아들이 아버지의 책상에서 돈을 훔쳐서 써버렸다고 합시다. 아버지가 돌아왔을 때 사단이 아들이 한 짓을 고하면 아버지는 그것이 사실인가 아들에게 묻습니다. 그러나 아들은 부인합니다. 마침내 확실한 증거를 잡게 됩니다. 그러나 아들은 부인 할 수 없다고 생각될 때까지 죄를 고백하려 들지 않을 것입니다. 죄를 고백하지 않는데도 "용서해 주마. 다시는 그런일 하지 말아라"고 할수 있겠습니까? 그러면 또 다시 그런 일을 하려 들 것입니다.

아직도 어떤 사람들은 회개를 하든 안하든 간에 모든 사람을 술주정꾼이나 도둑놈이나 창녀나 차별없이 하나님께서 구원하여 주실 것이라고 말하고 있습니다. 사랑하는 친구들이여, 하나님이 이같이 자비로우시다고 하는 그들의 말에 속지 마십시오. 죄에서 돌아서서 진실한 회개를 하고 하나님께로 향할 때 하나님은 이를 맞아서 축복해 주실 것입니다.

다윗은 큰 잘못을 범했다

반역의 아들 압살롬을 사랑하여 그가 회개하지도 아니하였는데 용서해 준 것은 둘도 없는 큰 잘못이었습니다. 진실한 회개가 없이는 참회록은 있을 수 없습니다. 그러나 하나님은 이런 잘못을 하시지 않습니다. 다윗은 그의 그릇된 판단으로 말미암아 아들이 아버지를 왕좌에서 몰아내는 비극에 빠졌습니다.

세인트루이스의 부룩스 박사가 회개에 대하여 이렇게 정의를 내렸는데 잘 유의하시기 바랍니다. "회개란 엄밀히 말하면 마음의 변화 혹은 목적의 변화를 말하는 것입니다. 결국 회개라는 것은 죄인이 자기 자신에게 선고하는 재판이고, 그리스도의 죽음에서 보여주신 하나님의 사랑의 뜻이며, 자기 자신의 모든 확신을 버린다는 것과 연결이 되며 죄인의 구속의 주만을 믿는다는 것과 일치합니다. 구원의 회개와 구원의 믿음은 언제나 동행합니다. 믿기만 한다면 당신은 회개에 대해서 근심할 필요는 없습니다."

어떤 사람들은 충분한 회개를 했는지 확실치 않습니다. 만약 당신이 하나님의 자비를 차지하기 위하여 회개한다는 뜻이라면 그런 회개는 속히 버려야 합니다. 하나님은 갈보리의 십자가에서 이미 충분히 그 자비하심을 나타내 보여 주셨습니다. 하나님의 선하심이 우리를 회개시키고자 이끄시는 것을 알지 못하고, 눈물과 근심으로 하나님의 마음을 움직이고자 함은 하나님을 심히 욕되게 하는 것입니다. 그러므로 회개하도록 인도하심은 사람의 악이 아니라 하나님의 선에 있습니다. 이제부터 참된 회개의 길은 우리들 죄 가운데서 건져 주시고 다시 의로운 자리에 세우시는 우리 주 예수 그리스도를 믿는 것입니다.

진정한 회개를 말하는 방법

한편 진정한 회개는 결심을 가져다 줍니다. 우리가 어떤 사람에게 잘못하였다면 그것을 즐거이 보상하기 전에는 하나님께 용서를 받을 수 없습니다. 내 소유가 아닌 것을 가졌다면 그것을 갚기 전에는 하나님께 용서를 바랄 수 없습니다.

내가 어느 큰 도시에서 설교 하였을 때의 일을 기억합니다. 집회 마지막 날이 되어서 말쑥한 신사 한 분이 내 앞에 왔습니다. 그는 심히 고민하고 있었는데 그 원인은 공금을 사용한 것입니다. 그가 말하기를 “사실은 내가 있는 직장의 공금을 써버렸는데 그것을 갚지 않고도 그리스도의 신자가 될 방법이 있겠습니까?” “그 돈을 지금 가졌습니까?” “약 천오백불을 가져왔는데 이제 남은 것이 구백불 밖에 없습니다. 직장에 돌아가서 차차 다 갚으면 안되겠습니까?” “그것은 사단의 유혹입니다. 다 갚을 수 없으면 남은 돈이라도 가지고 주인에게 가서 용서를 구해야 합니다.” “그러면 저는 형무소에 가게 됩니다. 저는 목사님에게 아무런 도움도 받을 수 없게 되는 것이 아닙니까?” “아닙니다. 하나님께 도움을 구하기 전에 그 돈을 돌려야 합니다.” “그것은 대단히 어려운 일입니다.” “네, 물론 그것은 어려운 일입니다. 그러나 애당초 그런 일을 저질렀다는것이 큰 잘못이었습니다”라고 결론을 지어 주었습니다.

무거운 짐을 견디지 못한 그는 구백 오십 달러와 얼마의 잔돈을 나에게 주면서 주인에게 돌려 달라고 하였습니다. 그 다음날 저녁 예배당 옆방에서 나는 그의 두 주인과 만났습니다. 나는 그 돈을 내어 놓으면서 전후 사정을 이야기 한 후 그에게 사랑을 베풀기를 구하였습니다.

이 두 주인은 눈물을 흘리면서 말하기를 “그를 용서하여 주십시오. 우리는 기쁜 마음으로 그를 용서하겠습니다”고 했습니다. 나는 아래층에 가서 그를 데리고 온 후 죄를 자백하고 용서를 받자 우리 모두가 무릎을 꿇고 충분한 기도의 시간을 가졌습니다.

하나님은 우리와 함께 하시고 그 곳에 있는 우리들을 축복하여 주셨습니다.

정부에 대한 의로운 생활

내 친구 가운데 한 사람이 예수를 믿고 그 자신의 몸과 가진 재산을 하나님께 바치기로 하였습니다. 그 사람은 전에 정부와 거래를 하여 폭리를 하였습니다. 회개할 때 이 일이 마음에 걸려 그를 괴롭혔습니다. '내 재산을 하나님께 바치기 원하지만 하나님께서 받으실 것 같지 않는데' 하고 그의 마음속에서 양심과 불의의 씨름이 벌어져 결국 양심이 이겨 불의를 꾸짖게 되었습니다. 드디어 천오백불의 수표를 써서 재무부로 보냈습니다. 그는 회개할 때의 축복 받은 이야기를 이와 같이 하였습니다. 회개는 반드시 결실을 가져옵니다. 많은 사람이 하나님께 광명을 구하지만 정직하지 않기 때문에 그것을 보지 못합니다.

언젠가 내가 설교할 때였습니다. 나이 서른 두 살에 머리가 희여진 사람이 내게 왔습니다. 그가 얘기하다가 이런 대화가 벌어졌습니다. "내 머리를 좀 보십시오. 저는 서른 두 살 밖에 되지 않았습니다. 나는 십이년 동안 무거운 짐을 지고 왔습니다." "무슨 일이 있었습니까?" 그는 누가 말을 들을까 두려워하는 듯 주위를 살폈습니다.

"아버지께서 지방 신문사를 경영 하시다가 어머니와 저를 남겨 두고 돌아가셨습니다. 유산은 단지 신문사 밖에 없었습니다. 아버지께서 돌아가신 후 신문사는 점점 쇠퇴하여 어머니와 나는 굶어 죽게 되었습니다. 그 건물이 천달러의 화재보험에 가입 되었었는데 내 나이 스무살인 그때 그 건물에 방화하고는 천달러를 받아서 어머니에게 드렸습니다. 십이년 동안 그 죄는 내 머리에서 떠나지 않았습니다. 향락과 죄악의 방종한 생활로 양심의 소리를 듣지 않으려고 애썼습니다. 나는 할 수 있는 짓은 다 해보았으나 고민에 빠지지 않은 날이 없었습니다." "거기에서 벗어나는 길이 있습니다." "어떻게 하면 됩니까?" "배상하면 됩니다. 이자까지 계산한 후에 그 돈을 보험회사에 지불하시오" 그는 그에게 관대한 해결의 길이 있는 것을 알았을 때 그의 얼굴은 밝아졌습니다. 그는 다만 용서만 받을 수 있다면 원금과 이자를 갚는 것이 기쁘게 생각한다고 말하였습니다.

"오늘날 그들의 죄를 고백하며 거기서 돌아서지 않기 때문에 암흑의 감옥 속에 헤매는 사람이 많이 있습니다. 죄를 고백하지 않고 어떻게 용서 받기를 바랄 수 있겠습니까?" 이것을 명심하십시오. 지금이야 말로 오직 당신이 얻을 수 있는 은혜의 날입니다.

은혜의 날입니다

당신은 지금 회개할 수 있고 무서운 죄악의 역사를 지워 버릴 수 있습니다. 하나님은 당신을 용서하시고자 기다리시며 또 찾고 계십니다. 그리고 성경에는 내세에 간 후에 회개할 수 없다고 가르친 것으로 압니다. 무덤 속에서도 회개할 수 있다고 말하는 이도 있지만 나는 성경안에 그런 구절을 발견하지 못하였습니다. 나는 성경을 매우 주의해서 보았습니다만 어떤 사람이 다른 사람을 구원하여 줄 기회를 가졌다는 구절을 본 일이 없습니다.

왜 당신은 더 많은 시간을 요구합니까? 지금이 바로 회개할 시간입니다.

당신이 결심만 하면 이 순간에 죄악에서 돌아설 수 있습니다. 하나님께서 말씀하셨습니다. "죽는 자의 죽는 것은 내가 기뻐하지 아니하노니 너희는 스스로 돌이키고 살지니라"(에스겔 18장 32절) 그리스도는 또한 이렇게 말씀하셨습니다. "나는 의인을 부르러 온 것이 아니요, 죄인을 회개시키려 왔노라"고. 당신은 죄인입니까? 그렇다면 이것은 당신에게 보내신 말씀입니다. 그리스도의 발앞에 먼지 쌓인 땅 바닥에 꿇어 앉으시오. 그리고 당신의 죄를 고하시오. 늙은 세리와 같이 "하나님이시여 이 죄인에게 은혜를 베푸소서"라고 호소 하십시오.

그러면 얼마나 빨리 죄 사함과 축복을 주시는 가를 볼 수 있을 것입니다. 그리스도는 당신의 죄를 대신하여 십자가에 못박혀 흘리신 의의 피 공로로 당신을 의롭게 하실 것입니다.

아마 스스로 옳다고 생각하여 회개할 일이나 복음을 믿을 필요가 없다고 하는 이도 있을 것입니다. 그들은 비유 말씀에 "토색, 불의, 간음을 하는 자들과 같지 아니하고 이 세리와도 같지 않은 것을 감사 합니다"라고 하는 바리새교인과 같습니다. 바리새교인은 계속 기도하기를 "나는 일주일에 두 번씩 금식하고 내 재산의 십일조를 드립니다"라고 하며 스스로 의롭다고 판단을 하였습니다. 그러나 그리스도께서 "내가 너희에게 이르노니 뉘우치고 회개한 가엾은 세리가 저보다 의롭다 하심을 받고 집에 내려갔느니라"(누가복음 18장 11절-14절)고 말씀하셨습니다.

"의인은 없나니 하나도 없으며 모든 사람이 죄를 범하였으매 하나님의 영광에 이르지 못하더니"(로마서 3장 10절 23절) 회개가 필요치 않을 정도로 의로운 사람은 한 사람도 없습니다. 모두가 제각기 죄인의 자리에 내려가서 하나님 앞에 회개하면 죄를 사하여 주시고 의로운 자리에 끌어 올려 주실 것입니다. "무릇 자기를 높이는 자는 낮아지고 자기를 낮추는 자는 높아지리라"(누가복음 14장 11절) 하나님은 마음에 진심으로 회개하는 사람을 보시기만 하면 언제나 그 영혼을 맞아 주십니다.

chapter 07

만유 안에 계신 그리스도

오직 그리스도 만유시오 만유 안에 계시니라(골로새서 3장 11절)

하나님이 계시다고 하는 우리에게는 그리스도가 원통이십니다. 나는 "원통"이란 말을 강조하고 싶습니다. 어떤 사람들은 그를 "마른 땅의 뿌리" "면목 없고 멋 없는 자라"고 합니다. 그리스도를 원치 않는 인간들에게 그리스도도 어쩔 수 없습니다. 어떤 신자는 그리스도를 보잘 것 없는 존재로 희미하게 알고 있습니다. 그들은 그리스도를 온전히 받아 들이기를 즐겨하지 않습니다. 그리고 그리스도가 자기들에게 성령의 역사를 크게 나타내 주실 것을 바라고 있습니다. 그러나 그 밖의 사람들은 그리스도에게 온 마음을 바쳐 그로 하여금 큰 은혜를 베풀게 하는 이도 많습니다. 어떤 신자는 그리스도를 온전히 받아들이지 않고 그리스도께서 그 위대한 역사를 나타내 주시기만을 바라기 때문에 구원을 거의 받지 못하고 맙니다. 그러나 다른 신자들은 그리스도를 위대하고 전능하신 존재로 알기 때문에 크게 구원을 받습니다.

죄로부터의 구속자

만일 우리가 그리스도께서 원하고 계시는 대로 그리스도를 올바로 알고자 하면 먼저 그가 우리를 죄악에서 건지시는 구세주이심을 알아야 합니다. 그가 세상에 탄생하신 것을 알리려고 천사가 하늘에서 내려와서 그의 이름을 말하는 것을 기억하고 계실 것입니다.

“그는 예수라 부를 것이요, 그가 자기 백성을 죄에서 구원할 것이심이라”

우리는 죄로부터 건짐을 받았습니까? 그는 죄 가운데서 우리를 구하기 위해 온 것이 아니요 죄에서부터 건지러 왔습니다. 그런데 사람을 아는데에 세 가지 방법이 있습니다. 다만 소문으로 듣고 아는 사람이 있고, 소개를 받아 인사한 정도로 아는 이가 있고, 또한 수년간의 사귐으로서 친밀히 아는 이가 있습니다. 이와 같이 오늘날 교회내에도 세 가지 종류의 신자가 있다고 믿습니다. 다만 책을 읽거나 말을 들어서 예수를 역사적으로만 아는 이, 그리스도의 인격에 조금 접촉해 본 이, 또 바울처럼 “그리스도 자신과 부활의 능력”에 대하여 알기를 갈망하는 이가 있습니다. 우리가 그리스도를 알면 알수록 더욱 더 사랑하게 되고 더 잘 섬기게 됩니다. 십자가에 높이 달린 그를 바라보며 어떻게 우리 죄를 씻으셨나 알아 봅시다. 그는 우리 죄를 씻으시기 위하여 육신을 입으시고 세상에 나타나셨습니다. 그리고 우리가 진정 그리스도를 안다면 무엇보다도 먼저 그가 우리를 죄에서부터 구원하시는 구세주로서 보아야 합니다. 천사가 베들레헴 들판의 목자들에게 어떻게 말했는지를 기억하십니까?

"천사가 이르되 무서워하지 말라 보라 내가 온 백성에게 미칠 큰 기쁨의 좋은 소식을 너희에게 전하노라 오늘 다윗의 동네에 너희를 위하여 구주가 나셨으니 곧 그리스도 주시니라"(누가복음 2장 10-11절)

그리스도가 탄생하신 칠백년 전 이사야 시대를 거슬러 올라가면 이런 구절이 있습니다.

"나는 여호와라 나 외에 구원자가 없느니라"(이사야 43장 11절)

"아버지가 아들을 세상의 구주로 보내신 것을 우리가 보았고 또 증거하노니"(요한1서 4장 14절)라고 되어 있습니다. 모든 다른 종교와 비교해 보니 그것을 하나님께 나가기를 힘쓰라고 가르치고 있으나, 오직 예수 그리스도의 종교는 인간을 구원하고 죄악의 구렁텅이에서 건져 내시기 위해 하나님께서 우리 인간 세상으로 내려 오신다고 했습니다.

누가복음 19장 10절에 그리스도 자신이 그가 오신데 대하여 인간들에게 이렇게 말하신 것을 읽어 볼 수 있습니다. "인자의 온 것은 잃어버린 자를 찾아 구원하려 함이니라"고 그래서 우리는 요람에서 시작하지 않고 십자가에서 출발합니다. 그리스도는 아버지께로 가는 새로운 생명길을 열어 주었습니다. 그리스도를 구주로 받아 들이는 사람은 누구나 갈 수 있도록 모든 거친 돌을 치워 주셨습니다.

그리스도는 구주 뿐이 아니시다

그리스도는 다만 구주뿐이 아니십니다. 나도 물에 빠진 이를 건져 횡사에서 구할 수는 있을 것입니다. 그러나 그를 위해 그 이상은 할 수 없을 것입니다. 그리스도는 다만 구주 만이 아니요 그 이상이십니다.

이스라엘의 자녀들이 피를 뒤에 두고 있을 때는 화평했습니다. 그 피는 그들을 구원하였습니다. 그러나 만일 그들이 애굽의 노예의 멍에를 벗지 못했다면 그들은 아직도 노예를 부리는 채찍소리를 들었을 것입니다. 그런데 하나님은 그들을 애굽왕의 손에서부터 건져내어 주셨던 것입니다. 하나님께서 우리를 구원하시려고 세상에 내려오셨는데 우리를 괴로운 죄악의 노예로 그대로 옥에 버려 두신다는 말에는 도대체 이해가 가지 않습니다. 아닙니다. 하나님은 우리를 구하시고 마귀의 시험과 우리의 정욕과 우리의 괴로움에 승리를 주시려고 오셨습니다. 당신은 번민하는 노예가 아닌 확실한 기독교입니까? 만일 당신이 시험과 번민에 승리하기를 원한다면 더 간절한 마음으로 그리스도를 알기에 힘쓰십시오. 그는 과거 현재 미래를 위한 구원을 가지고 오셨습니다. "…건지셨고…, 건지시고…이후에도 건지시기를 …"(고린도후서 1장 10절)

앞이 캄캄하면

자주 우리는 홍해 앞에 선 이스라엘 백성처럼 앞뒤 사방이 캄캄하여 향할 곳을 모르고 베드로와 같이 "우리는 누구에게 갈고?"하고 낙심합니다. 그러나 하나님이 우리를 구하시려고 나타나십니다. 그는 우리로 하여금 홍해를 건너 바로 광야로 인도하시고 언약의 땅으로 길을 열어 주셨습니다. 그리스도는 우리를 구원 하실 뿐만 아니라 속량 하셨습니다. 구주만이 아니라 그 이상의 능력을 가지셨다는 말입니다. 그는 우리를 사서 다시 데려 왔습니다.

"너희가 값없이 팔렸으니 돈 없이 속량되리라"(이사야 52장 3절) "우리는 금이나 은같이 없어지는 것으로 구속 될 것이 아니요"(베드로전서 1장 18절) 만일 금이 우리를 속량하다면 하나님께서 금으로 가득찬 세계인을 못 만드시겠습니까? 하나님이 이스라엘 백성을 애굽의 노예생활에서 구해내시고 홍해를 단숨에 건너게 하여 광야로 향해 달려갈 때 하나님은 그들의 길잡이가 되셨습니다. 바른길로 가도록 우리를 어두움 가운데 버려 두시지 않으시는 하나님께 감사를 드립니다. "나는 길이다"고 예수께서 말씀하셨습니다. 우리가 그리스도를 따른다면 우리는 올바른 길에 있을 것이요 옳은 교훈을 받을 것입니다. 누가 전능하신 하나님 같이 이스라엘 백성을 인도할 수 있었겠습니까? 그는 함정과 위험한 길을 아시고 언약의 땅에 이르는 광야로 올바른 길을 인도하셨습니다. 그들의 가증스런 불신이 없었더라면 바란 광야 가데스에서 바로 언약의 땅으로 들어가 가나안 복지를 차지하였을 것입니다.

그러나 그들이 하나님의 말씀 이외에 무엇을 구하여 뒤로 돌아가 그만 황무지에서 40년 동안이나 헤매지 않으면 안되었던 것입니까?

아직도 광야에서 수천의 하나님의 자녀들이 헤매고 있는 것을 압니다. 그들이 다만 그리스도만 따르기를 원한다면 주께서 애굽의 바로왕 처럼 영악한 죄악의 손에서 풀어내어 홍해를 건너 광야를 지나 바로 언약의 땅에 이르도록 하실 것입니다. 그리스도는 이 세상에 내려 오셔서 거친 자리를 평탄케 하시고 어두운 곳을 밝게 하시고 구부러진 길을 곧게 하셨습니다. 우리가 다만 그의 인도하시는 대로 따르면 누구나 평화와 기쁨과 안식을 얻게 되는 것입니다.

지도포

사람들이 변경에 사냥을 갈 때 도끼를 들고 숲속으로 가는 길을 따라 나무껍질을 깎아서 표식을 해 둡니다. 이것으로 보통 "길잡이 표하기"(Blazing the way)라고 합니다. 밀림 속에는 길이 없기 때문에 돌아오는 길을 알기 위해서 이렇게 합니다. 그리스도는 밀림 같은 이 세상에서 헤매는 우리를 구하기 위해서 오시면서 길잡이가 되어 주셨습니다. 우리가 그 뒤를 따르기만 하면 아버지 집에 돌아갈 수 있을 것입니다.

당신이 그리스도를 따르고 있는지 없는지를 아는 방법을 알려드립니다. 어떤 사람이 당신을 중상하거나 그릇 판단할 때에 주님이 하신 것과 같이 그들에게 대하십니까? 만일 당신은 이런 일들을 사랑과 관용으로 참지 않는다면 천하의 성직자들이 다 덤벼도 당신을 하늘 나라로 인도하지 못할 것입니다.

"누구든지 그리스도의 영이 없으면 그리스도의 사람이 아니다"(로마서 8장 9절)

"그런즉 누구든지 그리스도 안에 있으면 새로운 피조물이라 이전 것은 지나갔으니 보라 새것이 되었도다"(고린도후서 5장 17절)

그리스도는 우리의 길일 뿐 아니라 그 길의 빛이십니다. "그는 이 세상의 빛이니라"(요한복음 8장 12절, 12장 46절)고 말씀하셨습니다. 그는 또 "나를 따르는 자는 어둠에 거하지 아니하고 빛의 생명을 얻을 것이니라"고 계속하였습니다. 누구나 그리스도를 따르는 자는 어둠에 다닐 수 없습니다. 만일 당신의 영혼이 어둠 속에 있어서 세상의 운무 속에 헤매고 있다면 그것은 당신이 참빛에서 뛰쳐

나왔기 때문입니다. 어둠을 쫓아버릴 수 있는 것은 빛밖에 없습니다. 그러므로 어둠 속에 헤매는 이는 그리스도에게로 와야 합니다. 그는 빛이십니다. 나는 늘 마음속에 한 그림을 생각하고 있습니다. 한때는 퍽 많이 생각하던 그림입니다. 그러나 지금은 더 가까이 볼 수 있게 되었습니다. 얼굴을 벽으로 향하지 않고는 이것을 내 집에 두려고 하지 않겠다! 그것은 그리스도가 손에 큰 등을 들고 문 앞에서 문을 두드리고 있는 그림입니다. 아마 당신도 예수님과 같이 당신의 손에 등을 들고 태양을 향할 것입니다. 그리스도는 정의의 태양이십니다. 그리고 구름 한 점 없는 햇빛 아래 걷는 것은 신자의 특권입니다.

그림자 잡기에 힘씀

많은 사람들이 광명과 평화의 기쁨을 찾고 있습니다. 그러나 우리가 마음속에 그리스도를 영접하기만 하면 그것들이 저절로 찾아옵니다. 나는 어릴 때 나의 그림자 잡기를 해서 허탕친 일을 기억합니다. 어느날 해를 마주보고 걸었습니다. 뒤를 돌아다보니 그림자가 나를 따르고 있었습니다. 내가 빨리 가면 빨리 갈수록 내 그림자도 빨리 따라 왔습니다. 나는 그림자를 버리고 도망칠 수 없습니다. 이와 같이 우리의 얼굴이 정의의 태양을 향할 때 평화와 기쁨은 반드시 따라 옵니다. 얼마전 어떤 사람이 내게 "무디 선생 요즘 어떻습니까?"하고 인사하였습니다. 그때 나는 내 기분을 생각해 본 일도 꽤 오래 되었기 때문에 나는 내 기분이 어떤가 알기 위해 한참동안 생각하지 않을 수 없었습니다. 어떤 신자들은 항상 그들의 기분을 생각하고 있습니다. 그리고 그 기분을 올바로 가지지 못하고 있기 때문에 그들의 기쁨은 모두 날라가 버리는 것입니다. 내 얼굴이 그리스도를 향하며 또 그와 함께 있으면 내 앞길에 닥치는 괴로움과 암흑에서 능히 빠져 나갈 수 있습니다.

남북 전쟁이 발발한 뒤 어떤 집회에서 있었던 일을 기억합니다. 전쟁이 여섯달이나 계속되고 있었을 때 북군은 사실상 불안해서 후퇴하였고 우리도 후퇴할 수 밖에 없었습니다.

이제 나라는 두 조각이 될 것 같이만 생각되었습니다. 그래서 우리는 힘이 빠지고 매우 낙심하였습니다. 이 집회의 모든 강사는 마치 거문고를 버드나무에 매달아 놓고 기쁨을 잃은 것 같았습니다. 내가 참석한 집회 중에서 가장 침울한 분위기였습니다. 마침내 백발의 노인이 일어났습니다. 그의 얼굴은 문자 그대로 빛났습니다.

"젊은이들!"하고 그는 입을 열었습니다. "여러분은 왜 하나님의 아들답게 말을 못하십니까? 비록 이곳은 어두울지라도 다른 모든 곳은 밝은 것을 기억하십시오. 이 세상이 다 캄캄하여 어두울지라도 보좌의 둘레는 밝히 빛나고 있을 것입니다."

구름을 헤치고

동쪽 지방에서 왔다고 하는 어느 백발 노인이 자신의 친구 한 사람이 산에서 밤을 새우고, 아침에 해가 솟아 오르는 광경을 본 일에 대하여 기록한 것을 우리에게 말하였습니다. 등반대가 거의 산에 다 오를 때쯤 심한 강풍이 휘몰아치자 친구가 안내자에게 말하기를 "나는 포기했으니 도로 내려갑시다"라고 하니까 안내자가 웃으면서 대답하기를 "조금 지나면 폭풍우를 벗어나게 될 것입니다" 하고 태연했습니다. 쉬지 않고 올라가니 곧 여름저녁 처럼 조용하게 개인곳에 이르렀고, 아래 골짜기에는 여전히 심한 폭풍우가 울부짖고 번쩍이는 번개불과 우뢰소리가 요란했으나 그 산 정상에는 활짝 개였더랍니다. 이 노인은 계속하기를 "그렇다면 젊은이들이여! 비록 당신의 주위가 다 어두울지라도 좀 더 높이 오르면 어둠은 사라지고 밝은 광명의 천지가 열릴 것입니다"고 말했습니다.

나는 내가 실망하게 될 때마다 그 노인이 말한 것을 생각하였습니다. 지금 만일 당신이 짙은 안개와 어둠의 아래 골짜기에 있다면 좀 더 높이 올라 가십시오. 그리스도께로 더 가까이 나가십시오. 그를 좀 더 아시기 바랍니다.

그리스도가 십자가 위에서 운명하실 때 세상이 캄캄하여 졌다는 기록을 보셨을 것입니다. 하나님은 그의 아들을 빛으로 보내셨습니다. 그러나 사람들이 빛을 사랑하지 않았습니다.

그들은 죄를 책망하였기 때문입니다. 그들이 이 불을 끄려 할 즈음에 그리스도는 그 제자들에게 무슨 말을 하셨습니까?

"너희는 나의 증인이 되라"(사도행전 1장 8절)고 했습니다. 그는 우리를 위하여 준비하려 하늘나라에 오르셨습니다. 그리고 그는 우리들에게 이곳을 빛이기를 원하였습니다. "너희는 세상의 빛이라"(마태복음 5장 14절) 그러므로 우리의 할 일은 우리가 가진 나팔을 불고 사람들이 우리를 쳐다보게 하는 것이 아니고 등불처럼 밝게 비춰주는 일입니다.

그러나 우리에게 조금이라도 빛이 있다면 그것은 전부 빌려온 빛입니다. 어떤 이가 젊은 신도에게 말하기를 "회개! 그것은 달빛입니다." 나는 예증을 들겠습니다. 달은 그 빛을 태양에서 빌려 오지 않습니까? 그와 같이 우리의 빛은 정의의 태양인 그리스도로부터 빌려오는 것입니다. 만일 우리가 그리스도의 것이면 우리는 그를 위하여 이곳을 밝게 비칩시다. 머지 않아 그는 우리에게 상을 주시고자 아버지의 집으로 우리를 불러들일 것입니다.

장님과 등불

길가에 등불을 들고 앉은 장님 이야기를 들은 기억이 납니다. 볼 수 없는데 무엇 때문에 들었느냐고 하니 그가 대답하기를, 그것은 사람들이 지나다가 내 위에 넘어지지 않게 하고자 그랬노라고 하였습니다. 많은 사람들이 어떤 다른 이유보다도 착실한 기독신자들이 범하는 모순에 부딪쳐 넘어지고 맙니다. 이 세상에서 냉정하고 허울좋은 형식주의자며 세상에의 아부자며, 말만하고 실속없는 회의자 이상으로 그리스도의 대의명분을 해하는 자가 누구일까요? 세상의 눈은 우리를 살펴보고 있습니다. 모든 〈케이카〉교도는 자기 주위 십마일의 땅을 밝혀야 된다고 말한 분이 죠지 폭스라고 기억합니다. 만일 우리가 모두 주님을 위해 등불처럼 밝히 비친다면 우리 주위의 사람에게 곧 이르고 주님을 찬양하는 외침이 하늘에까지 사무칠 것입니다.

사람들이 "나는 진리가 무엇인지 알고 싶다"고 말합니다. "나는 진리다"라고 말씀하신 그리스도의 말씀을 들어 보십시오. 진리를 알기 원한다면 그리스도를 사귀어야 합니다. 그러나 사람들은 그들이 참생명을 가지지 못한 것을 불평하고 자기 자신에게 영혼의 생명을 불어 넣으려고 애씁니다. 말하자면 당신이 당신 자신에게 전기를 끌어 당기고 충전시키려고 합니다. 비록 이것이 가능할지라도 그 효과는 오래 계속되지는 못할 것입니다. 그리스도만이 생명을 창조 할 수 있습니다. 진실한 영혼의 생명을 얻는 길은 그리스도를 아는 것입니다.

많은 사람들이 집회에 나감으로써 영혼의 생명을 불러일으키고자 하지만 산 그리스도와 접촉하지 않으면 아무 소용이 없습니다. 영적인 생명은 발작적인 것이 아니고 영속적인 것입니다. 우리의 신앙은 피고 또 피여 하나님의 열매를 맺어야 합니다.

그리스도는 우리의 수호자

그리스도의 젊은 제자들은 그들이 그리스도에게서 떠나게 될까 두려워 하였습니다. "이스라엘을 지키시는 자는 졸지도 아니하고 주무시지도 아니하시리로다"(시편 121편 4절) 우리를 지키는 일이 그리스도의 하실 일입니다. 과연 그가 우리를 지키신다면 우리는 아무런 염려도 없습니다.

만일 빅토리아 여왕이 영국의 왕관을 소홀히 했다면 도둑이 그것에 접근을 시도하였을지도 모를 것입니다. 그러나 그것은 런던탑 속에 두고 군인이 밤낮으로 파수를 섰습니다. 유사시에는 전 영국 군대가 그것을 지키기 위하여 동원될 것입니다. 그러나 우리 자신에게는 아무런 힘이 없습니다. 우리는 사단을 대적할 상대가 못 됩니다. 사단은 6천년의 경험을 가졌습니다. 그러나 졸지도 주무시지도 않는 하나님이 우리의 수호자인 것을 기억합니다.

이사야 41장 10절을 읽어 봅시다.

"두려워 말라 내가 너와 함께 함이라 참으로 너를 도와주리라 참으로 나의 의로운 오른 손으로 너를 붙들리라" 또 유다서 24절에는 "그는 능히 너희를 보호하사 거침이 없게 하시고 너희로 그 영광 앞에 흠이 없이 즐거움으로 서게 하실자"라고 기록되고, 요한1서 2

장 1절에도 "아버지 앞에서 우리에게 대언자가 있으니 곧 의로우신 예수 그리스도시니라"고 되어 있습니다. 그리스도는 그뿐만 아니라 우리의 목자이십니다. 양을 돌보시고 먹이시고 보호하시는 것이 목자의 일입니다. "나는 선한 목자이니라" "나의 양들은 내 목소리를 듣나니라" "나는 양들을 위하여 목숨을 버렸노라"

요한복음 10장의 놀라운 말씀 중에는 그리스도께서 그 자신이 무엇이며 그가 무엇을 할 것인가를 밝히기 위해 "나"라는 일인칭 대명사를 무려 38번이나 사용하였습니다. 28절에 "그들은 멸망치 않고 저희를 내 손에서 빼앗을 자가 없느니라"고 말씀하셨는데 특별히 빼앗을 자란 말에 주의해 보십시오. 이 구절을 이렇게 읽어야 합니다.

"어떤 자나 내 손에서 그들을 빼앗아 갈 수는 없다" 즉 마귀이든 사람이든 그렇게 하지 못한다는 것입니다. 성경에 다른 곳에도 "너희 생명이 그리스도와 함께 하나님 안에 감취었음이니라"(골로새서 3장 3절)고 선언했습니다. 얼마나 믿음직하고 확실한 말씀일까요.

그리스도는 "내 양은 내 음성을 들으며 나는 저희를 알며 저희는 나를 따르느니라"(요한복음 10장 27절)고 말씀했습니다. 어떤 사람이 목자가 양들의 이름을 부르기만 하면 지체없이 그에게 온다는 말을 듣고 사실인가 알아보려고 직접 그 목자를 찾아 갔습니다. 그 목자는 이 사람을 데리고 양 있는 목장으로 가서 그 많은 양들 중의 한 마리의 이름을 불렀습니다. 양 한 마리가 목자를 쳐다 보더니 그 소리를 듣고 목자에게 달려 왔습니다. 다른 양들은 들은 척도 안하고 풀을 뜯고만 있었습니다. 이 같은 방법으로 그는 그의 주위에 십여 마리를 불러 모았습니다. 이 낯선 사람이 묻기를 "모두가 비슷한데 어떻게 분간합니까?"라고 했더니 목자는 "예, 저놈은 발가락이 작고 또 저놈은 사팔눈이고, 또 이놈은 턱이 좀 벗어졌고 또 저쪽 놈은 검은 털이 조금 있고, 또 요놈은 귀 한쪽이 없지 않습니까?"하고 대답하였습니다. 그 목자는 온 무리에 흠이 없는 놈은 한 마리도 없기 때문에 그 흠으로 분간하였습니다.

우리의 목자가 되시는 그리스도께서도 이와 같이 우리가 가진 결심으로 우리를 식별할 것이라 생각됩니다.

양들은 목자의 음성을 안다

목자는 그 사람에게 "양들은 내 음성을 알기 때문에 양들은 낯선 사람에게 속지 않습니다"라고 덧붙였습니다. 그 사람은 양들을 시험해 보고자 목자의 웃옷을 입고 머리에 수건을 쓰고 막대기를 들고 양 무리에게 갔습니다. 그는 재주껏 목소리를 바꾸어 목자처럼 불렀으나 따르는 양은 한 마리도 없었습니다. 그는 목자보고 "낯선 사람에게는 정말 따르지 않는군요"하고 말할 때 목자는 다시 으젓이 대답하기를 "그러나 만일 양이 병들면 누구에게라도 따르게 됩니다"라고 말하였습니다.

아무리 진실한 신자일지라도 그들의 신앙이 병들고 약해지면 하나님으로부터 오지 않은 거짓 지도자에게로 끌려가게 됩니다. 우리의 신앙이 건전하면 잘못에 빠지지 않고 이단에 끌려가지 않습니다. 이 말이 진리인지 아닌지도 알 수 있을 뿐만 아니라 진실로 하나님과 영혼의 교제를 하고 있는지도 알 수 있습니다. 하나님께서 그의 말씀을 주어 보낸 진실한 사자는 신자들의 마음속에 곧 감동을 주는 것입니다. 그리스도는 친절한 목자이십니다. 혹 한때 당신에게 불친절하게 여겨졌을지도 모르겠으나 그것은 다만 당신이 목자의 채찍 밑으로 지난 것 뿐입니다. 성경에 기록되기를 "주께서 그 사랑하시는 자를 징계하시고 그의 받으시는 아들마다 채찍질하심이니라"(히브리서 12장 6절)고 했습니다.

당신이 채찍을 맞았다고 그리스도께서 당신을 사랑하지 않는다는 증거가 되는 것은 아닙니다. 내 친구 한 사람은 무척 그의 가족들을 사랑하는 자였습니다. 그러나 무서운 전염병이 발생하자 그의 자녀들은 그 병에 감염되어 자녀들이 차례대로 다 죽어 버렸습니다. 자녀를 일시에 다 잃은 두 부모는 상심한 나머지 영국으로 건너가 이곳 저곳으로 방랑하다가 또 프랑스로 건너갔습니다. 어느덧 그들은 중동지방의 시리아로 향하는 길에 들어선 것을 알았습니다. 어느 날 냇물 건너에서 양떼들이 겁을 내어 목자 있는데로 건너가지 못하는 것을 보았습니다. 그것을 보자 목자가 와서 작은 새끼양을 잡아서 한쪽팔에 들어올리고 또 한 놈을 다른 팔에 안고 물을 건너 가자 어미양이 그것을 보고 곧 목자뒤를 따라 물에 뛰어 들었습니다. 그러자 삽시간에 온 양떼가 다 건너갔습니다.

이렇게 해서 양들은 새로운 목장으로 몰려갔습니다. 이 광경을 물끄러미 바라보고 있던 자식 잃은 두 내외는 문득 무엇인가를 깨달았습니다. "목자 되시는 그리스도께서 우리의 어린양을 먼저 데리고 가셨구나. 그럼 우리도 그 뒤를 따를 시간을 즐겁게 기다리자"고 그들은 다시 하나님을 원망하지 않았습니다. 만일 사랑하는 자녀를 먼저 저 세상에 보낸이가 계시다면 당신의 목자가 당신에게 "너의 생각을 위엣 것에 두라"(골로새서 3장 2절)고 외치고 계시는 것을 상기 하십시오. 그리스도는 이제까지 내가 말한 전부일 뿐만 아니라 그는 우리의 중재자이시고 우리의 성별자이시고 의롭게 하시는 자입니다. 그가 개개인의 심정에 무엇을 요구하고 계시는지를 다 쓰자면 몇권의 책이 될 것입니다. 내가 어떤 책을 보는 동안에 한번은 그리스도를 읊은 놀라운 글을 보았습니다.

그리스도에 관한 놀라운 기사

나는 이것이 어느 원본에서 나온 것인지 모르겠으나 이것은 내 영혼을 매우 새롭게 하여 주었기 때문에 나는 당신에게 이것을 소개 하고자 합니다.

주는 나의 길이시니 그 길로만 걸어 가오리다
주는 나의 진리이시니 가슴에 품으오리다
주는 나의 왕이니 나를 다스리옵소서
주는 나의 임이시니 나는 주를 섬기오리다
주는 나의 스승이시니 나를 생명 길로 인도하소서
주는 나의 예언자이시니 미래를 가르치도다
주는 나의 제사장이시니 나를 속하리로다
주는 나의 중보자시니 나를 위해 중재하시도다
주는 나의 구원자시니 나를 죄 가운데서 구하리로다
주는 나의 뿌리시니 나는 그로부터 자라도다
주는 나의 떡이시니 나는 그로 길리워지도다
주는 나의 목자시니 나를 푸른 초장으로 인도하도다
주는 나의 참 포도나무시니 나는 그의 가지로다
주는 나의 생명수이시니 내 목마름을 적시리로다
주는 만물중에 가장 아름다우시니 나는 그를 만물위에 찬양하리로다
주는 아버지의 영광의 빛이시며 그의 형상으로 나타나심이니 그를 나타 내심에 힘쓰리로다
주는 만유를 잡으시니 그 안에 편히 쉬리로다
주는 나의 지혜이시니 그 안에 편히 쉬리로다
주는 나의 정의이시니 나의 허물을 벗기리로다

주는 나의 성별이시니 나를 거룩하게 하리로다

주는 나의 속량이시니 나를 속하시리로다

주는 나의 의원이시니 나의 병을 고치시도다

주는 나의 친구되시니 나를 도우시도다

주는 나의 형제시니 나를 격려하도다

고르흘드에서 가려 뽑은 또 하나의 아름다운 글이 있습니다.

내 영혼은 주리고 목마른 어린아이 같사오니

당신의 사랑과 위로로 회복하여지이다

나는 잃어져 헤매는 양과 같사오니

주는 나의 충성되고 선량한 목자로소이다

내 영혼은 매에게 쫓긴 비둘기 같이 떨고 있사오니

나의 피난처는 주의 상처로소이다

나는 연약한 포도 넝쿨이오니

내가 짚고 의지할 곳은 주의 십자로소이다

나는 구할 길 없는 죄인이오니

의롭게 하심은 주의 흘리신 보혈이로소이다

나는 갓난 아기처럼 벌거숭이 몸이오니

주의 거룩함과 순결이 내 옷이로소이다

나는 미련한 강도처럼 무지하오니

주님은 나를 깨우칠 스승이로소이다
언제나 간구하오니 힘 주시고 돌보아 주소서
사단이 나를 거룩한 재판정에 송사하니
주여 나의 중재자가 되소서
세상의 핍박이 화살처럼 쏘아오니
주여 나의 방패되시와 막아 주소서
온 세상이 나를 버릴 때에도
주여 나를 받아 주소서
나 죽을 때 나의 생명되시고
무덤 속에 썩을 때 부활이시로다
나는 주님을 떠나기보다
온세상 만물과 헤어지오리다
주님께서도 나를 버리시기를 즐기지 아니하시고 또 버리실 수
없음을 나는 아옵나이다
당신은 풍성하시고 나는 가난하옵니다
당신은 넘치시고 나는 부족하옵니다
당신은 의로우시고 나는 죄인이로소이다
당신은 포도주와 기름이 있으시고 나는 상처를 입었나이다
당신은 감로주와 양식을 가지셨고 나는 주리고 목마르옵니다
무엇에나 무엇으로나 당신의 뜻대로 나를 쓰소서
여기 가난한 심령과 빈그릇이 있사오니 당신의 은혜로 채우소서

여기 괴롭고 죄진 영혼이 있사오니 당신의 사랑으로 새롭게 하소서

나의 마음은 당신의 집에 거하게 하사 나의 입으로 영광의 이름을 전파하게 하소서

나의 사랑과 나의 온 힘을 들여 당신의 백성의 믿음을 더하게 하소서

그리하여 나의 믿음의 견고함과 확실함이 흔들리지 않게 하소서

그리하여 언제나 나의 중심에서 말하게 하소서

"주님은 나를 부르시고 나는 주님을 부르오니 우리는 서로 합당하리이다"

chapter 08
신성이신 그리스도

"주는 그리스도시오 살아계신 하나님의 아들이시니이다"
(마태복음 16장 16절, 요한복음 6장 69절).

우리는 여러 부류층의 신자들 중에 그리스도의 신성을 믿지 않는 이를 만나게 됩니다. 이 문제를 밝혀주는 많은 성경 구절이 있습니다.

"첫 사람은 땅에서 났으니 흙에 속한 자이거니와 둘째 사람은 하늘에서 나셨느니라"(고린도전서 15장 47절)

"또 아는 것은 하나님의 아들이 이르러 우리에게 지각을 주사 우리로 참된 자를 알게 하신 것과 또한 우리가 참된 자 곧 그의 아들 예수 그리스도 안에 있는 것이니 그는 참 하나님이시요 영생이시라"(요한일서 5장 20절)

"영생은 곧 유일하신 참 하나님과 그가 보내신 자 예수 그리스도를 아는 것이니이다"(요한복음 17장 3절)

"대제사장이 가운데 일어서서 예수에게 물어 이르되 너는 아무 대답도 없느냐 이 사람들이 너를 치는 증거가 어떠하냐 하되 침묵하고 아무 대답도 아니하시거늘 대제사장이 다시 물어 이르되 네가 찬송 받을 이의 아들 그리스도냐 예수께서 이르시되 내가 그니라 인자가 권능자의 우편에 앉은 것과 하늘 구름을 타고 오는 것을 너희가 보리라 하시니 대제사장이 자기 옷을 찢으며 이르되 우리가 어찌 더 증인을 요구하리요"(마가복음 14장 60~63절)

나로 하여금 그리스도의 신성을 믿게 한 것

나로 하여금 그리스도의 신성을 믿게 한 것은 이것입니다. 그가 신성을 지니지 아니하셨다면 그리스도가 어디 있는지 무엇을 하는지 나는 알수 없습니다.

내가 어렸을 때는 예수도 모세나 요셉 혹은 아브라함과 같은 훌륭한 사람인 줄만 생각했습니다. 나는 지금도 예수가 이 세상에서 산 사람 가운데서 가장 훌륭한 분이라고 생각합니다. 그러나 그리스도께서는 나에게 그 이상의 것을 요구하신다고 깨달았습니다. 그는 하늘에서 온 신성을 지니신 하나님의 사람임을 알도록 요구하였습니다. 그는 "아브라함이 나기 전부터 내가 있느니라"(요한복음 8장 58절)고 말하였습니다. 나는 이 말을 이해하지 못하였습니다. 그래서 이런 결론에 도달하였습니다. 즉 예수가 협잡꾼이거나 거짓말자이든가 혹은 하나님의 사람 즉 하나님이 육신을 입으시고 나타나신 분이든가 어느 쪽 하나입니다.

이 결론에 대해서 어떤 이라도 부정하거나 이의를 제기하면 대결할 용의가 있습니다. 십계명의 첫째는 "내 앞에 다른 신을 두지 말라"(출애굽기 20장 3절) 입니다.

예수를 하나님으로 예배하는 수 많은 기독교 신자들을 보십시오. 만일 그리스도가 하나님이 아니라면 이것은 분명한 우상숭배일 것입니다. 그리스도가 단순한 사람이며 그가 하나님이라고 말하고 있는 것이 틀렸다면 우리 모든 교인은 첫째 계명을 범한 것이 됩니다.

그리스도의 신성을 인정치 않고 사람들은 그리스도는 다만 사람 중에 가장 훌륭한 사람이라고 합니다. 그러나 그가 참으로 신성을 갖지 않았다면 바로 그 이유만으로 훌륭한 사람이라고 할 수 없습니다. 왜냐하면 세상 사람들이 다 인정하고 있듯이 아무런 세상 지위나 권세를 가지지 않은 초라한 인간이 권위와 영광을 요구하였기 때문입니다. 이것은 예수를 거짓말쟁이의 반열에 세우는 것입니다. 어떤 이는 예수 자신은 신성을 가졌다고 생각했으나 그것은 스스로 속은 것이라고 말하고 있습니다. 마치 그리스도가 과대망상증에 걸려 자기 자신이 엄청나게 훌륭하다고 생각하는 것처럼! 나는 예수 그리스도에 대한 이보다 더 저열한 관념을 생각할 수 없습니다. 이것은 그리스도를 사기꾼으로 만들 뿐 아니라 얼빠진 이로 만들고,

나아가서 자기 자신이 누구며 또는 어디서 왔는지 알지 못한 어리석은 인간으로 만들고 맙니다. 만일 예수 그리스도가 공언한 것처럼 구세주가 아니라면, 그리고 만일 그가 하늘에서부터 오지 않았다면 그는 거짓말쟁이 가운데도 가장 큰 거짓말쟁이입니다.

그러나 어느 누가 예수 그리스도의 일생에 대한 기록을 읽고 어찌 그를 거짓말쟁이로 생각 할 수 있겠습니까? 대개 사람들이 거짓말 하기 위해서는 어떤 동기를 가지고 있습니다. 예수는 어떤 동기를 가졌을까요? 그는 그 자신의 가는 길이 십자가에 못 박히는 것이며 그 이름은 모욕을 당하고 그를 따르는 많은 사람은 그로 인하여 갖은 고난을 당한다는 것을 알고 있습니다. 사도들의 대부분은 순교를 하였습니다. 그들은 문둥이처럼 취급되어 사람 가운데 마음대로 들어가지 못하고 거절을 당하였습니다. 사람이 거짓말을 한다는 것은 위선에서 오는 것입니다. 그러나 예수는 무엇을 목적 삼았습니까? "예수는 선을 행하고자 두루 다니시다"라는 기록 뿐입니다. 이것은 거짓말쟁이의 할 일이 아닙니다. 여러분은 여러분의 영혼의 원수의 꾀임에 빠지지 않도록 조심하십시요! 요한복음 5장 21~23절까지 이런 말씀이 있습니다. "아버지께서 죽은 자들을 일으켜 살리심 같이 아들도 자기가 원하는 자들을 살리느니라 아버지께서 아무도 심판하지 아니하시고 심판을 다 아들에게 맡기셨으니 이는 모든 사람으로 아버지를 공경하는 것 같이 아들을 공경하게 하려 하심이라 아들을 공경하지 아니하는 자는 그를 보내신 아버지도 공경하지 아니하느니라"

그것을 해명하는 방법

이제 유대인의 율법에 주의해 봅시다. 그 율법에 의하면 하나님의 신성을 모독하는 자는 사형에 처하기로 되어 있습니다. 그리스도를 단순한 사람이라고 생각함으로써 신성모독이 아니라고 한다면 나는 당신이 어디서 그런 이치를 찾아냈는지 알 수 없습니다.

"아들을 영화롭게 하지 않으며 아버지를 영화롭게 하지 않으면 아버지를 영화롭게 못하느니라" 이것은 그리스도에게 신성이 없다고 할 때 분명히 신성모독을 뜻하는 구절입니다. 만일 모세, 엘리야, 엘리사 그 외 다른 인물이 "너희는 하나님을 영화롭게 하듯 나를 영화롭게 하라"고 말하여 그 자신을 하나님과 같은 위치에 두었다면 그것은 신성모독이 아닐 수 없습니다. 유대인들은 예수를 사형에 처하였는데 그 이유는 예수가 그 자신이 말하는 그런 존재가 아니라는 데 있었습니다. 이것은 그가 맹세한 증언에서 알 수 있습니다.

"예수께서 침묵하시거늘 대제사장이 이르되 내가 너로 살아 계신 하나님께 맹세하게 하노니 네가 하나님의 아들 그리스도인지 우리에게 말하라"(마태복음 26장 63절) "유대인들이 에워싸고 이르되 당신이 언제까지나 우리 마음을 의혹하게 하려 하나이까 그리스도이면 밝히 말씀하소서 하니 예수께서 대답하시되 … 나와 아버지는 하나이니라 하신대 유대인들이 다시 돌을 들어 치려 하거늘"(요한복음 10장 24-33절) 그들이 말하기를 "저가 참람한 말을 하였으니 어찌 더 증인을 요구하리요 보라 너희가 지금 이 참람한 말을 들었도다 저는 사형에 해당하니라"(마태복음 26장 63-66절) 이제 예수가 단순한 사람이었다면 유대인들이 그들의 율법에 따라 그를 사형에 처한 것은 옳게 한 일입니다. 레위기 24장 16절에는 이런 구절이 있습니다. "여호와의 이름을 모독하면 그를 반드시 죽일지니 온 회중이 돌로 그를 칠 것이니라 거류민이든지 본토인이든지 여호와의 이름을 모독하면 그를 죽일지니라" 이 율법은 하나님을 모독한 자에게는 누구나 시행되어 왔습니다. 그리스도는 그의 목숨을 바치기까지 신성을 주장하여 마침내 모세의 율법에 의하여 사형을 당해야만 했습니다. 요한복음 16장 15절에 그리스도께서 말씀하시기를 "무릇 아버지께 있는 것은 다 내 것이라 그러므로 내가 말하기를 그가 내 것을 가지고 너희에게 알리시리라 하였노라"고 했습니다.

어찌 그가 단순한 사람으로서 이같은 말을 할 수 있겠습니까? 나는 회개한 이래 그리스도의 신성에 대해서 조금도 의심하지 않습니다.

어느 좋은 증거

어떤 이름난 죄인이 그리스도가 하나님께로부터 온 것을 어떻게 증거할 것인가의 질문을 받고 “예, 그는 나를 살려 주었습니다. 그것이 바로 그 좋은 증거입니다. 그렇지 않습니까?”하고 대답했답니다. 한 불신자가 한번은 내게 와서 “무디 선생! 내가 세례 요한의 생애에 대해서 공부해 보았습니다. 왜 그에 대해서 설교하지 않습니까? 그는 예수보다 더 위대한 인격자입니다. 그렇게 하면 당신은 더 큰 일을 할 수 있을 것입니다”라고 말하였습니다. 나도 그에게 말했습니다. “여보 친구! 친구가 세례요한을 설교하고 나는 친구 뒤를 따라 예수를 설교한다면 우리 둘 중에 누가 더 훌륭한 일을 하는가 보게 될 것입니다.” 그랬더니 그 친구 말이 “물론 당신일 것입니다. 왜냐하면 사람들이 너무 미신적이기 때문입니다.”라고요. 정말 세례 요한은 목을 짤리우고 그의 제자들이 그 시체를 받아다가 장사를 지냈습니다. 그러나 그리스도는 무덤에서 다시 살아나지 않았습니까! “주께서 높은 곳으로 오르시며 사로잡은 자를 끌고 인간을 위하여 선물을 받으시니라”

부활의 그리스도

우리의 그리스도는 살아 계십니다. 많은 사람들은 그리스도가 무덤에서 부활하신 것을 깨닫지 못하였습니다. 그들은 마리아처럼 죽은 그리스도를 예배하였습니다. 마리아는 “사람들이 내 주님을 옮겨다가 어디 두었는지 내가 알지 못함이니이다”(요한복음 20장 13절)

라고 말하였습니다. 이것은 우리 주님의 신성을 의심하는 이와 함께 적지 않은 두통거리가 되어 있습니다. "내 이름으로 두 셋이 함께 모이는 곳에는 내가 그 가운데 있으리라" 그가 단순한 사람이라면 어찌 함께 할 수 있겠습니까? "예수께서 나아와 말씀하여 이르시되 하늘과 땅의 모든 권세를 내게 주셨으니"(마태복음 28장 18절) 그가 단순한 사람이라면 이와 같은 말을 할수 있었겠습니까? "내가 너희에게 분부한 모든 것을 가르쳐 지키게 하라 볼지어다 내가 세상 끝날까지 너희와 항상 함께 있으리라 하시니라"(마태복음 28장 20절)

만약 그가 단순한 사람이라면 어찌 우리와 함께 할 수 있을 것입니까? 더구나 그는 말하기를 내가 세상 끝날까지 너희와 항상 함께 있으리라고 하였습니다.

"이 사람이 어찌 이렇게 말하는가 신성모독이로다 오직 하나님 한 분 외에는 누가 능히 죄를 사하겠느냐 그들이 속으로 이렇게 생각하는 줄을 예수께서 곧 중심에 아시고 이르시되 어찌하여 이것을 마음에 생각하느냐 중풍병자에게 네 죄 사함을 받았느니라 하는 말과 일어나 네 상을 가지고 걸어가라 하는 말 중에서 어느 것이 쉽겠느냐."(마가복음 2장 7-9절)

어떤 사람은 당신을 보고 엘리사도 역시 죽은 자를 살리지 아니하였느냐? 고 말할 것입니다. 주의할 것은 죽은자를 살린 예는 매우 드문 일이지만 그들은 모두 하나님의 힘으로 했다는 것을 명심하십시오. 그들은 하나님께 힘을 구하였습니다. 그런 그리스도께서 세상에 계실 때 죽은 자를 살리기 위해 하나님께 구하지 않았습니다.

"달리다굼 하시니 번역하면 곧 내가 네게 말하노니 소녀야 일어나라 하심이라"(마가복음 5장 41절) 그는 생명을 줄 능력을 가졌습니다. 사람들이 나인성으로부터 한 청년의 시체를 메고 나올 때 예수께서 과부인 어머니를 불쌍히 보시고 가까이 와서 손을 대시고 "청년아 내가 네게 말하노니 일어나라"(누가복음 7장 14절)고 말씀하시자 죽은 자가 살아났습니다. 예수께서 나사로를 살리실 때도 큰 소리로 "나사로야 나오라"(요한복음 11장 43절) 하시니 나사로가 듣고 걸어 나왔습니다.

어떤 이는 나사로의 이름이 불리어진 것이 좋은 일이었고, 모든 죽은자는 예수의 부르는 음성을 듣고 살아날 것이라고 말한 일이 있습니다. 예수님께서는 말씀하시기를 "진실로 진실로 너희에게 이르노니 죽은 자들이 하나님의 아들의 음성을 들을 때가 오나니 곧 이 때라 듣는 자는 살아나리라"(요한복음 5장 25절) 그가 신성을 가지지 않았다고 하면 이야말로 신성 모독일 것입니다. 성경말씀을 상고하면 신성의 증거는 넘치고도 남을 것입니다.

그리스에게 합당한 예배

그러면 또 하나 생각해 보십시다. 누구든지 예수 그리스도를 제외하고는 어떠한 훌륭한 사람일지라도 예배드리지 못하게 되어 있습니다. 예수께서는 자기에게 예배하는 자를 책망하지 않았습니다. 장님이 그리스도로 말미암아 눈을 뜨게 되었을 때 “주여 내가 믿나이다”(요한복음 9장 38절) 하고 예수께 절을 하였으나 주님은 그를 꾸짖지 않았습니다.

또 요한계시록 22장 6-9절에는 이렇게 기록되어 있습니다.

“또 그가 내게 말하기를 이 말은 신실하고 참된지라 주 곧 선지자들의 영의 하나님이 그의 종들에게 반드시 속히 되어질 일을 보이시려고 그의 천사를 보내셨도다 보라 내가 속히 오리니 이 두루마리의 예언의 말씀을 지키는 자는 복이 있으리라 하더라 이것들을 보고 들은 자는 나 요한이니 내가 듣고 볼 때에 이 일을 내게 보이던 천사의 발 앞에 경배하려고 엎드렸더니 그가 내게 말하기를 나는 너와 네 형제 선지자들과 또 이 두루마리의 말을 지키는 자들과 함께 된 종이니 그리하지 말고 하나님께 경배하라 하더라”

우리는 이 말씀 속에서 천사까지도 요한이 그를 경배하지 못하게 하는 것을 볼 수 있습니다. 하늘에서 온 천사인데도 그렇습니다. 하나님의 면전에 있는 가브리엘천사가 여기 왔을지라도 그를 경배하는 것은 죄가 됩니다. 혹은 사랑의 천사 세답 혹은 지식의 천사처럼 혹은 미가엘 혹은 천사장일지라도 그 앞에 예배드리는 것은 죄가 됩니다.

“하나님을 경배하라” 만일 예수 그리스도가 육신을 입으신 하나님이 아니라면 그를 경배하는 것은 우상 숭배의 죄를 범하는 것이 됩니다. 마태복음 14장 33절에 이런 구절을 읽을 수 있습니다.

"배에 있는 사람들이 예수께 절하며 이르되 진실로 하나님의 아들이로소이다 하더라" 그러나 예수는 그들을 꾸짖었다는 말은 없습니다. 마태복음 8장 2절에는 "한 나병환자가 나아와 절하며 이르되 주여 원하시면 저를 깨끗하게 하실 수 있나이다 하거늘"하고 기록되었고, 또 15장 25절에도 "여자가 와서 예수께 절하며 이르되 주여 저를 도우소서"라는 말이 있습니다. 이 외에도 많은 구절이 있습니다. 그러나 이것들은 나의 마음속에 품은 우리 주님의 신성에 대한 어떤 의심이라도 충분히 풀어 줍니다.

사도행전 14장에 이런 기사가 있습니다.

바울이 앉은뱅이를 고치는 것을 본 루스드라의 이방인들이 소와 화관을 들고 나와 바울과 바나바에게 제사 지내려 합니다. 그때 바나바와 바울이 그들의 옷을 찢으며 루스드라 사람들에게 "우리도 다 같은 사람이다. 예배를 받지 못할 것이니 마치 하나님처럼 하면 죄가 크니라"고 말합니다. 예수가 단순한 사람이라면 그를 예배하는 것은 죄가 되지만 만약 예수가 우리가 믿는대로 독생자이시고 하나님이 사랑하시는 아들이라면 예수께서 우리에게 말씀하신 대로 좇아야 할 것이요, 그의 속죄의 성업에 의지하여야 할 것이며 또 우리가 사는 날 동안 그리스도를 위하여 봉사하여야 할 것입니다.

chapter 09

구원의 확신

내가 하나님의 아들의 이름을 믿는 너희에게 이것을 쓰는 것은 너희로 하여금 너희에게 영생이 있음을 알게 하려 함이라(요한일서 5장 13절)

확신을 못가지는 두 부류의 사람이 있습니다. 첫째는 교회에 나오기는 하나 회개하지 않으므로 거듭나지 못한 사람들이요, 또 하나는 하나님의 뜻을 거슬려 하나님께서 그들을 위하여 준비하신 자리에 앉지 않고 다른 자리에 앉으려는 사람들입니다.

모든 신도들이 확신을 가졌습니까?

어떤 사람이 "모든 신도들은 구원의 확신을 가졌습니까?"라고 물었습니다. 아닙니다. 하나님의 자녀들 가운데 확신을 가지지 못한 사람들이 무척 많이 있을 것입니다.

그러나 그 자신이 구원받을지의 의심에서 초월할 수 있는 것이 하나님의 자녀에게 베풀어진 특권입니다. 의심에 가득찬 이는 하나님께 헌신하는데 적당치 않습니다. 만일 그 자신의 구원에 대해서 자신이 없다면 남을 도울 수 없습니다. 내 자신이 물에 빠졌는데 어찌 남을 건져 낼 수 있겠습니까? 먼저 내 자신이 굳건한 반석 위에 선 후에 다른 형제에게도 구원의 손길을 뻗칠 수 있습니다. 장님이 장님을 인도하지 못합니다.

제가 젊은 신자 한 분을 만났는데 그는 아직도 죄악을 승리하지 못하고 암흑 속에 헤매이고 있었습니다. 이런 상태에서는 하나님의 거룩한 사업에 봉사할 수 없습니다. 죄악에 고민하고 의심에 사로잡혀 하나님을 위해 일할 시간과 마음의 여유가 없는 것입니다. 자신이 죄의 짐을 졌는데 남들이 지고가는 짐을 도와줄 수 있겠습니까? 의심으로 마음이 동요하면 마음속에 기쁨과 안식과 평화와 자유와 능력이 없어집니다. 이제보니 우리의 신앙에 대하여 사단은 세 가지 흉계를 꾸미고 있는 것같이 보입니다. 첫째는 우리들을 그리스도의 곁에 못가게 하고자 사단의 온 왕국을 동원하고, 둘째로 우리를 의심의 성안에 가두어 두려고 전력을 다 합니다. 그러나 이 때에 우리가 하나님의 아들 그리스도와 분명하고 진실한 언약을 하게 되면 사단은 셋째로, 할 수 있는 힘을 다하여 우리들의 마음을 어둡게 하고 그리스도와의 약속을 배반시키려 합니다. 어떤 이는 의심하지 않는 것을 외람된 것으로 생각하는 듯이 보입니다.

의심은 하나님을 욕되게 함

우리가 한 사람을 아는지 삼십년이나 된다고 하면서 그를 아직 신용하지 않는다면 그에게 매우 불명예스러운 일입니다. 그런데 우리가 하나님을 안지 십년 이십년 혹은 삼십년이 되어도 하나님을 의심하는 것은 하나님을 더없이 욕되게 하는 것이요, 또 하나님께서 우리 심령위에 은혜로 역사하시지 않으십니다. 순교자들이 화형틀에 매어 불에 타버린 후 천국에 갈지 지옥 갈지도 모르는 의심이 있었다면 어떻게 순교할 수 있었겠습니까? 그들은 어떤 의심도 없었음에 틀림없습니다.

C · H · 스펄전이 말하기를 "황새가 전나무를 보고 거기에 둥지를 지을 권리가 있나 없나 의심하여 걱정한다는 소리를 듣지 못하였고, 너구리가 바위 굴속에 들어가는데 허가를 얻었나 안얻었나 의심한다는 소리를 듣지 못했습니다. 이 짐승들은 천연의 시설을 이용하는데 권리가 있는가 없는가를 의심하다간 망할 수 밖에 없을 것입니다"고 했습니다. 황새는 전나무를 보고 친구들과 상의하기를 "이곳에 둥지를 만들어 새끼를 낳아서 잘 기르자" "그래, 좋아"하고 그들은 곧 재료를 모아서 쌓기 시작합니다. "우리 여기 집을 지어도 좋을까?"하지 않습니다. 벼랑에 사는 들염소는 "내가 여기 있을 권리가 있을까?"하고 생각하는 일도 없습니다. 어느 곳이라도 다 좋은 것은 아니나 그에게 알맞은 벼랑이 있으면 뛰어 오릅

니다. 비록 말 못하는 짐승일지라도 하나님의 예비하심을 아는데 죄인들은 그리스도의 예비 해 두신 은사를 알지 못합니다. "그건 해도 좋을까요?" "그것은 나에게 적당치 않다고 생각됩니다." "그것은 바른 말이라도 너무해서 나는 두려운데요"라고 의심하거나 발뺌을 하고 맙니다. 이 전나무에 지은 둥지를 부수지 않겠다고 황새보고 보장한 이는 없습니다. 이 바위 굴속에 들어가서 살면 결코 쫓아내지 않는다고 누가 너구리 보고 말해주지 않았습니다. 여기 죄인을 위하여 구속의 준비를 하여 두신 그리스도가 계십니다. 그는 또 나에게 오는 자는 결코 내어 쫓지 아니하며 "누구라도 마시고자 하면 생명수를 자유로이 마시게 하리라"고 다짐하였습니다.

요한이 우리에게 말한 것

이제 우리는 이 말씀에 대하여 생각하여 봅시다. 요한은 그의 복음서에서 그리스도가 세상에서 우리를 위하여 하신 일을 알려 주었습니다. 그의 서신에 그리스도는 하늘에서 우리를 대언하고 계시다고 말하였습니다. 그의 복음에 "믿으라"는 말이 없는 곳은 두 장 밖에 없습니다. 그 두 장을 빼고는 장마다 "믿으라" "믿으라" "믿으라"라고 했습니다. 그는 요한복음 20장 31절에서 "오직 이것을 기록함은 너희로 예수께서 하나님의 아들 그리스도이심을 믿게 하려 함이요 또 너희로 믿고 그 이름을 힘입어 생명을 얻게 하려 함이니라"고 했습니다. 이것이 그가 복음을 기록한 목적입니다.

"내가 하나님의 아들의 이름을 믿는 너희에게 이것을 쓰는 것은 너희로 하여금 너희에게 영생이 있음을 알게 하려 함이라" 그리고 하나님의 아들의 이름을 믿게 하려 함이니라(요한일서 5장 13절) 이것은 요한 서간을 쓴 목적을 말한 것입니다. 이 첫째 서간에는 짤막한 다섯 장이 있을 뿐입니다. 그러나 "알고"란 낱말은 무려 사십번이나 볼 수 있으니 "알찌니" "아느니라" "알고" 결국 요점은 안다는 것입니다. 이 서간 전반에 걸쳐서 되풀이 되는 "우리가 영생을 가진 줄 알게 하려 함이다"는 구절이 우리 가슴에 종소리처럼 울려옵니다.

내가 몇해 전 봄철에 미시시피강을 천 이백 마일이나 내려가 본 일이 있습니다. 매일 저녁 해가 지자마자 많은 남녀들이 등대에 불을 켜기 위하여 강언덕 한편 길을 말이나 노새를 타고 혹은 걸어서 올라오는 것을 볼 수 있었습니다. 그리고 큰 강을 쭈욱 내려 가면서 위험한 항해를 하는 조종사를 안내할 육표들이 있었습니다. 이제 하나님은 우리가 하나님의 자녀인지 아닌지를 알려 주시기 위해 등대와 육표를 주셨습니다. 우리가 해야 할 일은 하나님이 우리에게 주신 증거를 시험해 보는 것입니다.

알아야 할 다섯 가지

요한1서 3장에 꼭 알아야 할 다섯 가지 일이 있습니다.

첫째는 우리가 5절에서 읽을 수 있습니다. “그가 우리 죄를 없이 하려고 나타내신바 된 것을 너희가 ‘아나니’ 그에게는 죄가 없느니라” 내가 한 것이 아니고 하나님이 하신 것입니다. 하나님의 보내신 자가 실패를 하겠습니까? 일찍이 하나님이 보내신 사자가 실패한 일이 있었습니까? 하나님의 외아들이 실패를 하겠습니까? 그리스도는 우리 죄를 없이 하려고 나타나셨습니다.

둘째로 알아야 할 것은 19절에 있습니다. “이로써 우리가 진리에 속한 줄을 ‘알고’ 또 우리 마음을 주 앞에서 굳세게 하리로다” 우리가 진리에 속한 줄 아는 것입니다. “그러므로 아들이 너희를 자유케 하면 너희가 참으로 자유하리라”

셋째로 알아야 할 것은 14절에 있습니다. “우리가 형제를 사랑함으로 사망에서 옮겨 생명으로 들어간 줄을 ‘알거니와’ 사랑치 아니하는 자는 사망에 거하느니라” 믿지 않는 사람들은 신도를 좋아하지 아니하고 그렇다고 친구들이 그를 돌보아 주는 것도 아닙니다. 사망에 머무는 형제를 사랑하지 않으면 안됩니다. 그들은 영의 생명을 가지지 못하였습니다.

넷째로 알아야 할 것은 24절에 있습니다. “그의 계명들을 지키는 자는 주 안에 거하고 주는 저 안에 거하시나니 우리에게 주신 성령으로 말미암아 그가 우리 안에 거하시는 줄을 우리가 아느니라" 우리가 그리스도의 영을 가지면 우리가 알 수 있습니다. 내가 온순하고, 점잖고, 너그럽고, 평화와 기쁨이 있고, 또 내가 그리스도와 같이 온유한 마음으로 오랜 수난을 받을 때에 이것은 시련입니다. 비로소 그동안에 영원한 생명인 그리스도의 영을 가지게 되었는지 혹은 아닌지를 알게 됩니다.

다섯째로 알아야 될 것은 가장 중요한 것입니다. "사랑하는 자들아 우리가 지금은" 지금이라는 낱말을 주의 하십시오. 당신의 죽음이 언제 올 것을 말할 수 없습니다. "사랑하는 자들아 지금은 우리가 하나님의 자녀라 장래에 어떻게 될 것은 아직 나타나지 아니하였으나 그가 나타내심이 되면 우리가 그와 같을 줄을 '아는 것은' 그의 계신 그대로 볼 것을 인함이니"

신자가 된 뒤의 죄는 무엇인가?

그러나 어떤 이는 말하기를 "나는 모든 것을 믿습니다. 그러나 신자가 된 후에도 나는 죄를 범하였습니다"고 합니다. 땅위에 사는 사람으로서 신자가 된 후에 죄를 범하지 않은 사람이 있을까요? 천만에요. 한 사람도 없습니다. 세상에서 신앙 생활을 하는 동안에 나는 죄를 안지었다 나는 안 짓겠다고 한 사람은 과거에도 없고 미래에도 없을 것입니다. 그러나 하나님은 믿는 자의 죄를 위하여 준비하여 두셨습니다. 우리는 아무런 준비를 못하였으나 하나님은 준비하여 두신 것을 명심하여 두십시오. 요한1서 2장 1절을 보십시다.

"나의 자녀들아 내가 이것을 너희에게 씀은 너희로 죄를 범하지 않게 하려 함이라 만일 누가 죄를 범하여도 아버지 앞에서 우리에게 대언자가 있으니 곧 의로우신 예수 그리스도시라"

그는 여기에 의로움이라고 기록하였습니다. "우리 가운데 누가 죄를 지으면" 요한 자신도 포함하여 "아버지 앞에서 우리를 대언해 주실 분이 있는데 그 분은 바로 의로우신 예수 그리스도 십니다" 어떤 대언자 일까요? 지극히 높은 하나님 보좌에 계셔 우리를 위하여 중재하고 계십니다. 그는 말씀하시기를 "내가 너희에게 실상을 말하노니 내가 떠나가는 것이 너희에게 유익이라"(요한복음 16장 7절)고 하였습니다. 주는 우리의 대제상이 되시고 우리의 대언자가 되시려고 올라 가셨습니다. 그리스도는 중재하시는 어려운 일을 맡으셨으나 한 사람도 버리지 않을 것입니다.

만일 당신의 불멸의 재산을 주님에게 맡긴다면 주님께서 "너희로 그 영광앞에 흠이 없이 즐거움으로 서게 하시리라"(유다서 24절)고 하십니다.

신자의 지난 죄는 사함 받는다.

회개한 뒤에는 그것을 또 고할 필요는 없습니다. 요는 두 번 다시 들추어 내지 않는데 있습니다. 하나님께서 우리 죄를 탕감하시면 그것으로 끝입니다. 하나님께서 더 기억하시거나 말씀하지 않습니다. 아주 간단합니다.

이런 경우를 생각해 봅시다. 내가 집을 나가 있는 동안에 아들놈이 잘못을 저질렀는데 내가 집에 돌아오자 나에게 매달려 "아버지 용서해 주세요. 제가 아버지가 하지 말라고 한 일을 했어요."하고 말했습니다. 나는 기특히 여겨 "오냐 오냐"하고 입맞춰 주었더니 눈물을 글썽 거리면서 물러갔습니다. 그런데 다음날 "아버지 어제 잘못한 것 용서해 주세요."하고 또 그것을 끄집어 냈습니다. 나는 "용서해 줬는데 두 번 말할 것 없어" 했지만 그는 끝끝내 졸라댑니다. "그러나 저는 아버지께서 용서해 주시기를 바래요. 용서한다는 말씀을 해 주셔야 마음이 놓이는 걸요"하고 이렇게 아버지를 의심하는 것이 아버지를 기쁘게 하는 것이겠습니까? 오히려 슬프게 하는 것이 아니겠습니까? 그러나 나는 또 "용서해 주지"라고 말해 주었다고 합시다. 그 다음날 또 다시 지난 죄를 고하고 용서를 구한다면 아버지의 마음이 얼마나 답답하겠습니까?

사랑하는 여러분! 하나님이 우리 죄를 용서해 주신 후에 다시 아뢸 것 없습니다. 지난 일을 잊어버리고 하나님의 부르심에 응하여 바울처럼 앞으로 달립시다. "만일 우리가 우리 죄를 자백하면 그는 미쁘시고 의로우사 우리 죄를 사하시며 우리를 모든 불의에서 깨끗하게 하실 것이요"(요한1서 1장 9절)

묵은 죄짐을 버리고 새 은혜를 받아야 합니다. 재판정에서 일어난 일 중에서 그 원리를 잘 나타내고 있는 이야기를 하겠습니다. 지명은 말하지 않겠습니다. 어떤 시골에서 한 남자가 그 부인의 잘못으로 싸웠는데 그 아내를 용서해 주었답니다. 그리고는 또 그 일로 재판정에 왔는데 판사가 이미 용서해 준 것을 알고 이 사건은 해결된 것이라고 선언하였습니다. 만유의 재판자이신 하나님께서 당신과 나를 용서해 주었다면 우리 죄는 영원히 소멸된 것입니다. 우리가 꼭 하여야 할 것은 우리 죄를 뉘우치고 고치는 것입니다.

하나님의 자녀임을 어떻게 아나

"너희는 믿음 안에 있는가 너희 자신을 시험하고 너희 자신을 확증하라 예수 그리스도께서 너희 안에 계신 줄을 너희가 스스로 알지 못하느냐 그렇지 않으면 너희는 버림 받은 자니라"(고린도후서 13장 5절) 내 자신을 반성하고 내 신앙을 검토하고 시험해 봅시다. 내 원수를 사랑할 수 있겠습니까? 이것이 내 자신이 하나님의 자녀인가 아닌가를 알수 있는 좋은 방법입니다. 그리스도 처럼 비방하는 자를 용서하고 모욕을 달게 받아 들일 수 있습니까?

잘한 일에 비난을 당하고도 불평하지 않을 수 있겠습니까? 그릇된 판단을 받고 오해를 당하고도 그리스도와 같은 정신을 가질 수 있겠습니까? 또 다른 시험하는 법은 갈라디아서 5장을 읽고 성령의 열매를 보는 것입니다. "오직 성령의 열매는 사랑과 희락과 화평과 오래참음과 자비와 양선과 충성과 온유와 절제이니 이같은 것을 금지할 법이 없느니라" 만일 내가 성령의 열매를 소유하였다면 성령을 가진 것이 틀림 없습니다. 나무없이 오렌지를 얻을 수 없는 것처럼 성령없이 그 열매를 얻을 수 없습니다. 그리고 그리스도께서 말씀하십니다. "그는 열매로 알 것이요" "나무는 그 열매로 알 수 있나니" 좋은 나무에는 좋은 열매를 맺나니 다만 열매를 얻는 길은 성령을 가지는데 있고 이것이 우리 자신이 하나님의 자녀인가 아닌가를 시험하는 길입니다. 또 다른 아주 분명한 구절이 있습니다. 로마서 8장 9절에 바울이 이렇게 말했습니다. "누구든지 그리스도의 영이 없으면 그리스도의 사람이 아니라" 이것은 어떤 교역자들에 의하여 필요하다고 인정되고 있는 모든 외부적 형식에 구애됨이 없이 뚜렷한 문제로 작정되고 있습니다. 바울의 생애를 읽고 그의 생활한대로 따라 하십시오. 당신의 생활이 그와 비슷하여 질 때는 당신은 거듭난 증거요, 곧 예수 그리스도 안에 새사람이 되는 것입니다.

은혜 안에서 자라남

그러나 거듭났다 할지라도 완전한 신자로 다 자랄때 까지는 시간이 필요합니다. 의롭다 함을 받는 것은 순간적이나 거룩하다 함을 받는 것은 일생의 일입니다. 우리 지혜는 자라고 있습니다. 베드로가 말하기를 "오직 우리 주 곧 구주 예수 그리스도의 은혜와 그를 아는 지식에서 자라 가라"(베드로후서 3장 18절)고 했습니다. 또 그의 둘째 편지 첫장에 "그러므로 너희가 더욱 힘써 너희 믿음에 덕을, 덕에 지식을, 지식에 절제를, 절제에 인내를, 인내에 경건을, 경건에 형제 우애를, 형제 우애에 사랑을 더하라 이런 것이 너희에게 있어 흡족한즉 너희로 우리 주 예수 그리스도를 알기에 게으르지 않고 열매 없는 자가 되지 않게 하려니와"(고후 1:5-8)고 했습니다. 이러므로 우리는 은혜에 은혜를 더해야 합니다. 나무가 첫해만 자라도 튼튼할지 몰라도 다 자란 것은 아닌 것 같이, 진실한 하나님의 자녀일는지는 몰라도 성숙한 기독 신자는 아직 아닙니다. 또 로마서 8장 14절을 읽어 봅시다. "무릇 하나님의 영으로 인도함을 받는 사람은 곧 하나님의 아들이라" 군인이 부대장에게, 학생이 선생에게, 여행인이 안내자에게 인도되듯 모든 진실한 하나님의 자녀는 성령으로 인도되는 것입니다.

확신 있는 바울의 가르침

초점을 옮겨 여러 편지에 있는 바울의 가르침을 보면 확신있는 교훈으로 가득 찼습니다. 그는 고린도후서 5장 1절에서 말하기를 "만일 땅에 있는 우리의 장막 집이 무너지면 하나님께서 지으신 집

곧 손으로 지은 것이 아니요 하늘에 있는 영원한 집이 우리에게 있는 줄 아느니라"고 했습니다. 그는 나는 "그것을 안다"고 확언했습니다. 그는 모호한 가운데 살지 않고 확신 속에 살았습니다. 그는 또 "내가 그 둘 사이에 끼었으니 차라리 세상을 떠나서 그리스도와 함께 있는 것이 훨씬 더 좋은 일이라 그렇게 하고 싶으나"(빌립보서 1장 23절)고 죽음을 두려워하지 않고 기뻐하였습니다.

"우리 생명이신 그리스도께서 나타나실 그 때에 너희도 그와 함께 영광 중에 나타나리라"(골로새서 3장 4절) 만일 그가 확신이 없으면 이 같은 말은 안했을 것입니다. 왓트 박사의 묘비에도 이 성구가 새겨져 있다는 말을 들었습니다. 여기에는 추호의 의심도 있을 수 없습니다. 그럼 골로새서 1장 12절-13절을 들쳐 봅시다.

"우리로 하여금 빛 가운데서 성도의 기업의 부분을 얻기에 합당하게 하신 아버지께 감사하게 하시기를 원하노라 그가 우리를 흑암의 권세에서 건져내사 그의 사랑의 아들의 나라로 옮기셨으니" 이 구절의 세 가지 말 즉 "함께 하신" "건져내사" "옮기셨느니라" 하는 말은 장차 하시겠다는 미래를 말하는 것이 아닙니다. 이미 하셨다는 것입니다. 또 14절에 보면 "그 아들 안에서 우리가 속량 곧 죄 사함을 얻었도다"라고 했습니다. 우리가 죄 사함을 받았는지 못 받았는지 간에 우리는 하나님의 나라에 들어가기까지 또 우리 각자가 하늘 나라를 바라보며, 이런 말을 할 수 있을 때 까지 즉 "만일 땅에 있는 우리의 장막 집이 무너지면 하나님께서 지으신 집 곧 손으로 지은 것이 아니요 하늘에 있는 영원한 집이 우리에게 있는 줄 아느니라"(고린도후서 5장 1절)고 할 수 있을 때까지 잠시도 쉬어서는 안됩니다.

로마서 8장 32절을 보십시오.

"자기 아들을 아끼지 아니하시고 우리 모든 사람을 위하여 내주신 이가 어찌 그 아들과 함께 모든 것을 우리에게 주시지 아니하겠느냐" 하나님이 그의 아들을 주실 때 그 아들이 우리의 것이란 확신까지도 주었을 것입니다.

들은 이야기입니다. 일만 달러나 빚진 사람이 파산 지경이 되었는데, 한 친구가 와서 그 빚을 갚아 주고 갔습니다. 그 뒤에 몇 달러 더 빚진 것이 발견되었는데, 그것도 갚아 줄 것을 의심치 않았습니다. 많은 것을 갚아 주었는데, 적은 것을 갚아주지 않을 리가 없기 때문입니다.

하나님이 우리에게 그 아들을 주셨다면 그 아들과 함께 모든 것을 즐거이 주실 것이고, 또 우리가 구원을 베풀기를 원한다면 하나님은 우리를 어둠에 버려두시지 않을 것입니다.

또 33절-39절에 이런 말이 있습니다.

"누가 능히 하나님께서 택하신 자들을 고발하리요 의롭다 하신 이는 하나님이시니 누가 정죄하리요 죽으실 뿐 아니라 다시 살아나신 이는 그리스도 예수시니 그는 하나님 우편에 계신 자요 우리를 위하여 간구하시는 자시니라 누가 우리를 그리스도의 사랑에서 끊으리요 환난이나 곤고나 박해나 기근이나 적신이나 위험이나 칼이랴 기록된 바 우리가 종일 주를 위하여 죽임을 당하게 되며 도살당할 양 같이 여김을 받았나이다 함과 같으니라 그러나 이 모든 일에 우리를 사랑하시는 이로 말미암아 우리가 넉넉히 이기느니라 내가 확신하노니 사망이나 생명이나 천사들이나 권세자들이나 현재 일이나 장래 일이나 능력이나 높음이나 깊음이나 다른 어떤 피조물이라도 우리를 우리 주 그리스도 예수 안에 있는 하나님의 사랑에서 끊을 수 없으리라"

확신은 분명하다

그것은 여기에 확실히 나타나 있습니다. "나는 아노라"고 한 말은 우리에게 확신을 줍니다. 우리를 의롭게 하신 하나님이 다시 우리를 정죄하시겠습니까? 그것은 불합리한 일입니다. 하나님께서 우리를 구하시고자 하는데 사람이나 천사나 어떤 악마도 우리를 혹은 그리스도를 송사하지 못할 것입니다. 그리스도는 온전히 그의 기업을 이루었습니다.

욥은 우리보다 더 어두운 가운데 지냈습니다. 그러나 욥기 19장 25절에 그의 말을 볼 수 있습니다.

"내가 알기에는 나의 대속자가 살아 계시니 마침내 그가 땅 위에 서실 것이라" 이같은 신앙을 디모데에게 보낸 바울의 마지막 서간에서도 더듬어 볼 수 있습니다.

"이로 말미암아 내가 또 이 고난을 받되 부끄러워하지 아니함은 내가 믿는 자를 내가 알고 또한 내가 의탁한 것을 그 날까지 그가 능히 지키실 줄을 확신함이라"(디모데후서 1장 12절)

"내가 알고" "확신함이라"란 말은 의심하는 것을 말하는 것이 아니고 이해한다는 것을 말하는 것입니다. '바란다' 라는 단어는 성경에서 의심을 표시하기 위하여 사용하지 않았습니다. 그리스도가 다시 오시는 것과 혹은 몸이 부활하는 것을 말할 때 사용되었습니다.

우리는 "우리가 기독신자이기를 바란다"고는 말하지 않습니다. "나는 미국 사람이기를 바란다" "나는 결혼 하기를 바란다"라고도 말하지 않습니다. 이것들은 기정사실이기 때문입니다. 그러나 "나는 집에 돌아 가기를 바란다" 혹은 "나는 모임에 출석하고자 한다"고는 말할 수 있습니다. "나는 이 나라에 오기를 바란다"고는 말하지 않습니다. 왜냐하면 나는 이곳에 있기 때문입니다. 그러므로 우리가 하나님에게서 낳다면 우리는 그것을 압니다. 우리가 성서를 읽는다면 하나님께서 우리를 어둠 가운데 버리시지 않을 것입니다.

"주여 주의 이름으로 귀신들도 우리에게 항복하더이다"라고 칠십인의 제자들이 그들의 힘을 뽐낼 때 예수께서 그들을 책망하시는 듯이 교훈을 하셨습니다.

"귀신들이 너희에게 항복하는 것으로 기뻐하지 말고 너희 이름이 하늘에 기록된 것으로 기뻐하라 하시니라"(누가복음 10장 20절)

우리의 구원은 확실하다

의심의 언덕을 넘어서고 우리의 구원이 확실한 것을 아는 것은 우리 모두 믿는 사람의 특권입니다. 그러면 우리는 다른 사람을 위해서 일할 수 있습니다. 그러나 만일 내 자신이 구원에 대해서 의심스러우면 하나님께 봉사할 수 없습니다.

요한복음 5장 24절에 이런 말씀이 기록되어 있습니다.

"내가 진실로 진실로 너희에게 이르노니 내 말을 듣고 또 나 보내신 이를 믿는 자는 영생을 얻었고 심판에 이르지 아니하나니 사망에서 생명으로 옮겼느니라"

어떤 이는 말하기를 당신이 구원을 받을지 못받을지는 심판하는 그 위대하신 백색의 보좌 앞에 서기 전에 말할 수 없다고 합니다.

천만에 말씀! 사랑하는 친구들이여 만일 당신의 생명이 그리스도와 더불어 하나님의 품 속에 숨겨졌다면 어찌 죄로 말미암아 심판자리에 서겠습니까? 아마 우리가 상 받으러 갈지는 모르겠습니다. 이것을 가르치기 위하여 주인이 다섯 달란트 준 종과 셈하는 이야기를 해 주셨습니다. 다섯 달란트 가지고 간 종이 다섯 달란트를 더 가지고 와서 "주여 내게 다섯 달란트를 주셨는데 보소서 내가 또 다섯 달란트를 남겼나이다"하면 그 주인이 이르되 "잘하였도다 착하고 충성된 종아 네가 적은 일에 충성하였으매 내가 많은 것을 네게 맡기리니 네 주인의 즐거움에 참여할지어다 하고"(마태복음 25장 21절) 우리는 우리의 한 일 만큼의 평가를 받을 것입니다. 영원한 생명의 구원은 이와는 다른 문제입니다.

하나님은 그리스도가 우리에게 지불한 두 배의 빚을 갚아 달라고 요구하겠습니까? 그리스도가 그 자신의 몸으로 십자가에 달림으로서 내 죄를 맡으셨다면 나도 그처럼 갚아야 합니까? 이사야는 이렇게 말하였습니다.

"주는 우리 죄에 상하시고 우리의 불의로 피 흘리셨도다 주의 상처에 우리가 나았도다"

로마서 4장 25절에는 이렇습니다.

"예수는 우리가 범죄한 것 때문에 내줌이 되고 또한 우리를 의롭다 하시기 위하여 살아나셨느니라"

우리는 다만 믿고 주의 이룩하신 기업의 은혜를 받으십시다.

또 요한복음 10장 9절을 보면 "내가 문이니 누구든지 나로 말미암아 들어가면 구원을 받고 또는 들어가며 나오며 꼴을 얻으리라"고 했으며, 27,28절에는 "내 양은 내 음성을 들으며 나는 그들을 알며 그들은 나를 따르느니라 내가 그들에게 영생을 주노니 영원히 멸망하지 아니할 것이요 또 그들을 내 손에서 빼앗을 자가 없느니라"고 했습니다. 참으로 고마운 일입니다.

아버지와 아들과 성신은 우리를 지키시기로 약속하셨습니다. 그것은 아버지만이 아니고 아들만이 아니고 삼위 일체 되시는 하나님의 모습입니다.

한 생명을 찾으심

그런데 많은 사람들은 하나님의 말씀에서 벗어나려고 합니다. 이 버릇은 언제나 의심을 일으킵니다. 만일 내가 어떤 사람과 내일 어떤 장소에서 몇시에 만나기로 약속한다면 그는 내 시계가 정확한가 묻게 될 것입니다. 시계가 약속시간을 그르치게 할 수 있기 때문입니다. 그러나 우리는 하나님의 말씀은 의심할 수 없습니다. 주께서 말씀을 거듭하고 비유에 비유를 거듭하셨습니다. 그리스도께서 말씀하시기를 "나는 문이니 이 문으로 들어오는 자는 구원을을 것이요" "나는 선한 목자니 내가 저를 알며 저가 나를 알 것이니라" "나는 세상의 빛이니 나를 따르는 자는 어둠에 다니지 아니할 것이요 빛의 생명을 가질 것이니라" "나는 진리니 나를 영접하는 자는 진리에 있을 것이니 이는 내가 진리로 난 몸이니라" "주렸는가, 나는 생명의 떡이니 만일 나를 먹으면 배고프지 아니할 것이요."

"나는 생명수니, 만일 이 물을 마시는 자도 이 물이 너희 안에서 영생의 물이 샘솟을 것이요"

"예수께서 이르시되 나는 부활이요 생명이니 나를 믿는 자는 죽어도 살겠고 무릇 살아서 나를 믿는 자는 영원히 죽지 아니하리니 이것을 네가 믿느냐"(요한복음 11장 25절-26절)

우리의 의심이 어디서부터 오는지 생각하여 봅시다. 하나님의 많은 자녀들이 그들 자신을 종으로 밖에 알지 못하고 있습니다. 주님을 우리들 "친구"라고 불렀습니다. 당신은 집에서 종과 아들의 차이점을 쉽게 발견하게 될 것입니다. 아들은 온 집안을 마음대로 다니지만 종은 낮은 한 자리에 있습니다. 우리가 원하는 바는 종에서 풀려나는 것입니다. 우리는 아버지와 함께 설 때 아들과 딸됨을 여실히 보여야 합니다. 하나님은 우리를 택하였을 뿐만 아니라 우리는 나서부터 그의 것이며, 그의 나라에 탄생하였습니다. 내 아들은 출생한 그날이나 열여섯 살이 된 지금이나 역시 내 아들입니다. 하나님의 자녀로 온전하지는 못할지라도 틀림없이 하나님의 자녀입니다.

의심의 다른 또 하나의 근원은 자기자신을 바라 보는데 있습니다. 당신이 만일 비참하게 되기를 원한다면 아침부터 저녁까지 마음에 가득히 의심을 품고 자기 자신을 굽어 보십시오. "주께서 심지가 견고한 자를 평강하고 평강하도록 지키시리니 이는 그가 주를 신뢰함이니이다"(이사야 26장 3절) 많은 하나님의 귀한 자녀들은 그들 자신을 주시 하는데서 그만 기쁨을 빼앗기고 맙니다.

세 가지 보는 방법

어떤 분이 말하기를 "보는데는 세 가지 방법이 있는데 불쌍한 인간은 그 자신의 속을 들여다 보고, 번거로운 인간이 되려면 주위를 돌아다 보고, 화려한 사람은 위를 바라 봅니다"고 했습니다. 베드로가 물 위를 걸을 때 예수 그리스도에게서 눈을 떼는 순간 물속에 빠지기 시작하였습니다. 이때 예수께서 말씀하시기를 "믿음이 적은 자여 왜 의심하였느냐"(마태복음 14장 31절) 그는 예수를 바라볼 때 대리석이나 화강암이나 강철보다 더 견고한 반석 위에 있었으나, 그가 예수에게서 눈을 떼고 바람을 보는 순간 그만 바다 속으로 빠져 들어 갔습니다. 주위를 살펴보는 사람은 그의 걸음이 얼마나 불안전하며 얼마나 수치스러운 것인지 보지 못합니다. 우리는 똑바로 "우리 믿음의 주인이시며 온전케 하시는 이를 바라 보아야 하겠습니다."

내가 어려서 눈 위를 걸을 때 내 앞에 있는 나무나 어떤 목표물에 내 눈의 초점을 고정 시키면 발자국을 똑바로 일직선으로 지을 수 있었습니다. 그러나 내 눈이 목표물에서 떨어지는 순간 그 발자국은 구부러지고 맙니다. 우리가 그리스도를 불변의 고정 목표로 삼고 바라보고 나아갈 때만이 우리 생활이 바르게 되고 화평하게 됩니다. 주님은 무덤에서 살아나셔서 제자들에게 손과 발을 보여 주셨습니다(누가복음 24장 40절). 그것이 그들의 화평의 근원이 되었습니다. 당신이 의심을 헐어 버리기를 원하면 십자가에 흘린 피를 보시고 당신의 의심을 더하게 하려면 당신 자신을 굽어 보시면 됩니다. 몇일 동안만 내 자신을 붙잡고 있으면 몇해 동안 끌고 갈 의심을 충분히 얻을 수 있습니다.

내가 어떤 사람이며, 내가 무엇을 하였는지를 보지 말고, 그리스도는 누구이시며 그리스도는 무엇을 하셨는지를 보아야 합니다. 이것이 화평과 안식을 얻는 길입니다.

아브라함 링컨의 선언서가 이룬 것

아브라함 링컨은 삼백만의 노예 해방을 공포하는 선언문을 냈습니다. 노예들의 쇠사슬은 다 풀리고 그들은 자유롭게 되고 북군이 진군하는 곳에는 어디나 선언문이 거리마다, 집집의 울타리에까지 붙었습니다. 대다수의 노예들은 그것을 읽지 못했으나, 혹 어떤 노예는 읽을 수 있었습니다. 그들의 대다수는 그 선언문을 믿고 어떤 날은 "우리는 자유를 얻었다"고 외치며 환호성을 폭발시켰습니다. 그러나 일부의 노예는 이 사실을 믿지 않고 옛 주인과 그대로 지냈습니다. 그렇다고 해도 그들이 자유롭게 된 것은 불변의 사실이었습니다.

라일 주교는 말하기를 "믿음은 뿌리요 확신은 꽃이니 뿌리없이 꽃은 얻을 수 없으나 뿌리가 있고 꽃을 못 얻는 수는 없다"고 하였습니다.

믿음이란 불쌍한 혈루증의 여인이 뒤로 와서 무리 가운데에 계시는 예수의 옷깃에 손을 대는 일이요(마가복음 5장 27절), 확신이란 스데반이 그를 돌로 쳐서 죽이려는 자 앞에서 조용히 이렇게 말하는 것입니다. "말하되 보라 하늘이 열리고 인자가 하나님 우편에 서신 것을 보노라 한대"(사도행전 7장 56절)

믿음은 뉘우치는 도둑이 십자가 위에서 외치기를 "주여 나를 기억하소서"(누가복음 23장 42절)하는 믿음이고, 확신은 상처 투성인 욥이 잿더미 위에 앉아서 "내가 알기에는 나의 구속자가 살아 계시니 후일에 … 그가 나를 죽이시리니 내가 소망이 없노라"(욥기 19장 25절, 13장 15절) 하는 확신입니다.

믿음은 물에 빠지는 베드로의 "주여 나를 구원하소서"(마태복음 14장 30절)하는 부르짖음이며, 확신은 같은 베드로가 오순절에 "이 예수는 너희 건축자들의 버린 돌로서 집 모퉁이의 머릿돌이 되었느니라 다른 이로써는 구원을 받을 수 없나니 천하 사람 중에 구원을 받을 만한 다른 이름을 우리에게 주신 일이 없음이라 하였더라"(사도행전 4장 11절-12절)고 선언하는 것입니다.

믿음은 걱정하며 떠는 목소리이니 "주여 내가 믿나이다 나의 믿음 없는 것을 도와 주소서"(마가복음 9장 24절) 하는 것이며, 확신은 믿음을 위해 "누가 능히 하나님께서 택하신 자들을 고발하리요 의롭다 하신 이는 하나님이시니 누가 정죄하리요 죽으실 뿐 아니라 다시 살아나신 이는 그리스도 예수시니 그는 하나님 우편에 계신 자요 우리를 위하여 간구하시는 자시니라"(로마서 8장 33절-34절)하고 도전하는 것입니다.

믿음은 다메섹의 유다 집에서 안보이는 눈으로 혼자 슬피 기도하는 사울이요(사도행전 9장 11절), 확신은 감옥에 갇히어 닥쳐올 죽음을 조용히 내다 보면서 "나는 내가 믿는 자를 아노니 나를 위하여 의의 면류관이 예비되었다"(디모데후서 4장 8절)고 한 바울입니다.

믿음은 생명입니다. 얼마나 큰 축복이겠습니까! 누가 죽음과 삶 사이에 놓인 골짜기를 헤아릴 수 있겠습니까? 그러나 생명은 아직도 생명이 연약하고 병들고 성치 않고 고통스럽고 시련받고 걱정스럽고 피곤하고 무겁고 기쁨이 없고 웃음이 없습니다.

확신은 생명 이상입니다. 이것은 건강하고, 튼튼하고, 힘 있고, 활력이 있고, 활동적이고, 용감하고 아름다운 것입니다.

작은 나무와 관목들은 폭포가 내리치고 깊은 물이 흐르는 험한 낭떠러지의 바위틈에서도, 뿌리를 박고 밀림 속에서 자라나고 있는 나무처럼 잎이 나고 가지가 뻗고 있는 것을 보았습니다.

이것들이 안전한 것은 바위를 꽉 쥐고 있기 때문이며, 그 생명을 지탱해 주는 것은 자연의 힘입니다. 이처럼 믿는 자는 하늘나라로 여행하는 도중에 가끔 무서운 위험에 부딪치기도 합니다. 그러나 "세대와 바위" 틈에 뿌리를 박고 자리를 튼튼히 하고 있는 한 그들은 절대로 안전합니다. 그리스도를 꽉 쥐는 것은 생명의 보증이 되는 것입니다. 그리고 그리스도의 은혜의 축복은 그들에게 생명을 주고 그것을 지탱해 줍니다.

나무가 죽거나 또는 바위가 굴러 떨어지는 날에는 다 사망을 가져오듯, 신자가 그의 영적인 생명을 잃거나 그 발판이 되고 있는 바위가 부서지거나 하면 이 결합은 여지없이 파괴되고 마는 것입니다.

chapter 10

하늘나라로 들어가는 길

사람이 거듭나지 아니하면 하나님 나라를 볼 수 없느니라.(요한복음 3장 3절)

"사람이 거듭나지 아니하면 하나님 나라를 볼 수 없느니라"(요한복음 3장 3절)

성경중에 이 말씀보다 더 친밀하게 느껴지는 말씀은 별로 없을 것입니다. 만일 내가 어떤 청중에게 예수 그리스도께서 가르치신 중생의 교리를 믿는가고 묻는다면 그중 10분의 9는 "예, 그것을 믿습니다"고 말하리라고 나는 믿습니다.

가장 요긴한 중생의 교리

이제 만일 이 성구가 진리라면 이것이야말로 인생의 가장 엄숙한 문제를 구체적으로 표시해 주고 있습니다. 우리는 비단 이 한 가지 일 뿐만 아니라 여러 많은 일에 관해서도 속아 살기를 잘 합니다. 예수님은 이것을 알기 쉽게 다루고 있습니다. 그는 "사람이 거듭나지 아니하면 하나님 나라를 볼 수 없느니라"고 말씀하셨으니 이 하나님의 나라를 이어 받을 수는 더욱 없습니다. 따라서 이 중생의 교회는 내세에 대한 우리의 전 희망의 기초가 됩니다. 이것이야말로 기독교 종교의 입문입니다. 저의 경험에서 비추어 보면 가령 어떤 사람이 이 교리를 잘 깨닫지 못할 때에는 성경안의 다른 모든 기본적인 교리에도 충실하지 못했다고 봅니다. 이 문제에 관한 올바른 이해만이 하나님의 말씀을 대할 때에 무수히 일어나는 어려운 문제와 곤란한 점을 해결하는데 도움이 될 것입니다. 이전에는 매우 드물게 어둡고 신비스럽게 보이던 일들이 매우 명백하게 드러날 것입니다.

이 중생의 교리는 모든 사이비 교회를 꺼꾸러 뜨립니다. 또한 성경과 하나님에 대한 잘못된 견해들을 뒤집어 엎어 버립니다. 나의 친구 한 사람이 어느 땐가 이렇게 말해 주었습니다. 그가 어느날 집회가 끝난 후였는데 어떤 사람이 길게 쓴 질문서를 가지고 와서 대답해 달라는 것이었습니다. 그리고는 "선생님께서 이런 질문들을 만족하게 대답해 주신다면 저는 기독교인이 되기로 결심하겠습니다"고 했습니다. 그러자 나의 친구가 말하기를 "당신은 우선 그리스도에게로 오는 것이 더 좋다고 생각되지 않습니까? 그러면 당신은 문제를 알 수가 있습니다"라고 했답니다. 그 사람은 좀 생각한 후 그렇게 하겠다고 했습니다.

그는 예수를 믿은 얼마 후에 다시 이전의 질문서를 보았더니 모든 해답이 해결되었다고 합니다. 니고데모가 근심에 싸여 예수님에게 왔을 때에 예수님은 "너는 거듭나야 할지니라"고 말씀하셨습니다. 그후 니고데모는 기대했던 것과는 다르게 제자들과 함께 같은 취급을 받았습니다. 그러나 나는 그 밤이 그에게 있어서는 가장 축복받은 때였다고 말하고 싶습니다.

"중생"한다는 것은 이 세상 우리들에게 주어진 가장 큰 축복입니다.

"사람이 거듭나지 아니하면"이라든가 "이로부터 난다" "성령으로 난다" 등의 성경말씀은 어떻게 쓰여지고 있는지 잘 주의해 보십시오. "…하지 아니하면"이라는 낱말이 들어있는 다른 여러 구절 가운데서 나는 이런 구절 세 가지를 들어 보겠습니다. "너희도 만일 회개치 아니하면 다 이와같이 망하리라"(누가복음 13장 3,5절) "너희가 돌이켜 어린 아이들과 같이 되지 아니하면 결단코 천국에 들어가지 못하리라"(마태복음 18장 3절) "너희 의가 서기관과 바리새인보다 더 낫지 못하면 결코 천국에 들어가지 못하리라"(마태복음 5장 20절) 이 말씀들은 모두 같은 뜻을 가지고 있습니다. 나는 예수님께서 사마리아 우물가의 여인이나 세리 마태나 삭개오보다도 오히려 이 유대인의 지배자들이나 율법사들에게 더 많이 중생에 대하여 말씀하신 것을 대단히 감사하게 생각합니다. 만일 주님께서 이 세 사람과 그런 족속의 사람들을 위하여 이런 중대한 문제에 관해 가르치지 않으셨다면 사람들은 이렇게 말했을 것입니다. "암 그렇지, 이 세리와 매춘부는 회개할 필요가 있지만 나는 정당한 사람이라 회개할 필요가 없어"라고. 니고데모는 예루살렘에 있는 사람들 가운데 가장 좋은 표본이라고 생각합니다. 그가 나쁘다고 하는 기록은 없습니다.

우리가 거듭나지 않고는 하늘나라에 갈 수가 없다고 증명할 필요는 없다고 나는 생각합니다. 과감히 말한다면 정직한 사람이라도 누구든지 성령으로 다시 나기 전에는 하늘나라에 적합지 못한 사람이라고 할 수 있습니다. 사람은 원래가 버림받은 또한 죄를 범한 존재라고 성경은 말하고 있고, 또한 우리의 경험이 이를 확증하고 있습니다. 우리는 가장 선하고 성스러운 사람일지라도 일단 하나님을 멀리하면 그도 즉시로 죄에 빠지고 만다는 것을 알고 있습니다.

중생 아닌 것이 무엇이냐?

이제 제가 말하고 싶은 것은 즉 중생 아닌 것이 무엇인가 하는 것입니다. 교회에 다닌다는 그것이 중생이 아닙니다. 가끔 나는 사람들과 만나면 그들이 기독교인인가고 묻습니다. 그러면 "예, 그렇습니다. 저는 매 주일 꼬박꼬박 교회에 나가지요" 대답합니다.

틀림없이 저는 기독교인이라 생각합니다. 그러나 그것이 중생은 아닙니다. 어떤 사람들은 "저는 옳은 일을 해보려고 애쓰는데 그만

하면 기독교인이 아닙니까? 이것이 거듭나는 것이 아닌가요?"라고 말합니다. 그러나 그것도 아닙니다. 거듭난다는 것은 무엇을 말하는 것일까요? 또 어떤 층의 사람들은 새로이 태도를 고쳐 가졌다고 해서 중생하였다고 생각합니다.

그러나 이것도 아닙니다. 어떤 새로운 결과를 나타냈다고 해서 거듭났다고 하지 않습니다.

세례를 받는 것도 당신에게 아무 좋을 것이 되지 못합니다. 그러나 사람들은 이렇게 말합니다. "뭐 나는 세례를 받았는데 그때 나는 거듭났어요"라고. 그들은 교회에 들어가면서 받는 세례를 하나님 나라에 들어갈 세례로 믿고 있습니다. 나는 절대로 그럴 수 없다고 단언하고 싶습니다. 여러분은 교회에서 세례를 받겠지만 그것은 하나님의 아들이 되는 세례가 아닙니다. 세례 그 자체는 옳습니다. 하나님은 그 세례에 대해 반대하는 것을 금하십니다. 그러나 만일 여러분이 세례가 바로 거듭나는 일이라고 취급한다면 이것은 크나 큰 잘못입니다.

당신은 하늘나라로 들어갈 세례를 받을 수는 없습니다. "사람이 거듭나지 아니하면 하나님 나라를 볼 수 없느니라"는 이 말씀을 읽고 누구든지 그의 소망을 헛된 다른 바탕에 두었다면 나는 하나님께 "이 헛된 희망을 쓸어 버리소서"하고 기도하겠습니다.

또 다른 층의 사람들은 "나는 성찬 예식에 한결같이 참예한다"고 말합니다. 복이 있도다 성찬예식이여! 주님은 말씀하시기를 "너희가 이것을 행할 때마다 나의 죽음을 기념하라"고 하셨습니다. 그러나 이것이 거듭나는 것도 아니요 죽음에서 생명으로 들어가는 것도 아닙니다. 예수님은 간명하게 말씀하십니다. 그러나 너무 간명하다고 해서 잘못 알아서는 안됩니다. "사람이 물과 성령으로 나지 아니하면 하나님 나라에 들어갈 수 없나니"라고 하셨습니다. 성례로 무엇을 하자는 말입니까? 교회에 다니는 것이 어떻게 거듭나게 한다는 말입니까? 다른 사람이 또 와서 말하기를 "나는 규칙적으로 기도하고 있습니다"고 합니다. 그러나 이것도 역시 성령으로 거듭난 것이 아닙니다. 그래서 이것은 우리 앞에 매우 엄숙한 문제로 나타납니다. 여러분! 여러분 자신에게 열성있게 진실하게 물어 보십시오.

"나는 과연 거듭 났을까? 나는 성령으로 났을까? 죽음에서 생명으로 들어 갔을까?"고

우리는 회개할 필요가 없다

어떤 사람들은 말하기를 특별히 부흥회는 어떤 종류의 사람들을 위해서는 대단히 좋은 것이라고 합니다. 그 사람들 말대로 만일 그 집회에 술주정꾼이나 도박꾼이나 다른 타락한 사람들을 모을 수 있다면 그야 말할 수 없이 좋겠지요. 그러나 자기 자신들은 "우리들은 회개할 필요가 없지요"라고 합니다. 그리스도께서 이런 지혜

로운 말씀을 누구에게 해준 일이 있습니까? 니고데모에게 했습니다. 그러면 니고데모는 어떤 사람이었습니까? 그는 술꾼도 도박꾼도 도둑도 아니었습니다. 그는 예루살렘에서 가장 상류계급의 한 사람이었음에 틀림없습니다. 그는 이름 높은 호민관이었고, "산헤드립"(유다 나라의 최고 의회)에 속한 사람으로 매우 높은 지위에 있었으며 또한 정통파였으며 대단히 건실한 인물이었습니다.

그럼에도 불구하고 예수님은 그에게 무엇이라고 말했습니까? "사람이 거듭나지 아니하면 결단코 하나님 나라를 볼수 없느니라" 하셨습니다.

그러나 어떤 사람은 이렇게 말할 것입니다. "나는 무엇을 할건가? 나는 생명을 창조할 수도 없고 내가 나 자신을 구원할 수도 없는데"라고 합니다. 물론 당신은 그렇게 할 수 없고 우리도 당신이 그렇게 할 수 있다고 말하지는 않습니다. 우리는 여러분에게 이렇게 말하고 싶습니다. 예수님 없이는 결코 더 좋은 사람으로 만들 수 없다고. 그러나 사람들은 그것을 애써 하려고 하며 옛날 아담의 본성을 고쳐 보려고 야단들입니다. 새 창조의 역사가 있어야 합니다. 거듭 난다는 것은 새 창조를 말합니다. 그리고 중생이 새 창조라면 그것은 하나님의 역사임에 틀림 없습니다. 창세기 1장에는 인간이 나타나지 않습니다. 하나님 밖에는 아무도 없습니다. 인간은 거기에 동참하지 않았습니다. 하나님은 세상을 만드실 때에 홀로 계셨고 예수께서 세상을 대속하실 때에도 그는 홀로 계셨습니다.

“육으로 난 것은 육이요 영으로 난 것은 영이니”(요한복음 3장 6절)라 했습니다. 에디오피아 사람들은 그들의 피부색을 바꿀 수 없고 표범은 얼룩 점을 변화시킬 수 없습니다. 여러분은 그와 같이 하나님의 도움 없이 여러분 자신을 깨끗하게 거룩하게 만들려고 합니다. 어떤 사람이 육으로 하나님을 섬기려고 하는 것은 마치 달을 뛰어 넘어 보려고 하는 것과 같습니다. 그런고로 “육으로 난 것은 육이요 영으로 난 것은 영이라”고 하였습니다.

하나님 나라에 들어가는 방법

이 장에서 하나님께서 우리에게 어떻게 하면 우리가 하나님 나라로 들어갈 수 있는가에 대하여 말씀하셨습니다. 우리는 사람의 생각대로 행동해서는 안 됩니다. 구원은 봉사나 많은 교회 일을 함으로 되는 것이 아닙니다. 우리가 다 인정하는 바입니다. 만일 도중에 많은 강이나 산들이 있다면 강은 헤엄쳐 건너가고 산은 타고 넘어 갈 수 있을 것입니다. 구원도 이러한 수고가 있다는 것을 의심할 바 아니지만 우리들 인간의 노력에 의해서 구원을 얻을 수는 없습니다. 이는 다만 “믿는 자에게는 그의 믿음을 의로 여기시나니(로마서 4장 5절)” 구원은 일을 함으로 얻음이 아니요 믿음으로 얻음입니다. 우리가 구원을 받았기 때문에 일하는 것이지 구원을 받으려고 일하는 것이 아닙니다. 다시 말하면 우리는 십자가에서부터 일하는 것이지 십자가를 향하여 일하는 것이 아닙니다. "두렵고 떨림으로 너희 구원을 이루라"(빌립보서 2장 12절)고 기록되어 있습니다. 왜냐하면 당신은 구원을 이루기 전에 먼저 그 구원을 얻지 않으면 안 됩니다. 내가 아이들에게 이런 말을 했다고 합시다. "나는 네가 10만원을 조심스럽게 쓰기를 바란다"고. 그러면 내 아이는 "그래요! 10만원을 주세요. 그러면 조심해서 쓸테니까"하고 대답할 것입니다.

저는 처음으로 집을 떠나 보스톤에 갔던 기억이 있습니다. 그런데 돈이 다 떨어졌을 때 나는 하루에 단 한번 고향과의 우편연락이 있다는 것을 알면서도, 나에게 편지가 있으리라 생각하고 우체국에 하루 세 번씩이나 갔습니다. 그런데 어느 날 어린 누이 동생에게서 편지를 받았습니다. 얼마나 그 편지가 반가웠던지요!

내 누이 동생은 보스톤에 소매치기가 많다는 말을 듣고 소매치기 당하지 않도록 조심하라는 내용으로 대부분 채웠습니다. 그래서 나는 소매치기를 당하기는 고사하고 주머니 속에 무엇인가를 갖고 싶다고 생각하였습니다. 그와 같이 여러분은 구원을 이루려는 것은 고사하고 구원을 받아야 합니다.

예수께서 갈보리 산상에서 "다 이루었다"라고 하신 것은 그가 할 일을 다 하셨다는 뜻입니다. 이제 모든 사람들이 해야 할 일은 예수 그리스도께서 하신 일을 받아들이는 일입니다. 사람들이 자기 자신을 위해서 구원을 이룰려고 애쓰고 있는 이상 남자에게나 여자에게나 다 희망없는 일입니다. 나의 생각으로는 니고데모처럼 "이것이 매우 이상한 일이오"라고 말할 사람들이 있을 것으로 압니다. 저 바리새인들이 "어찌 이 같은 일이 있을 수 있나이까?"라고 이마를 찡그리며 말할 것을 나는 알고 있습니다.

이 말이 그의 귀에는 매우 이상하게 들렸을 것입니다. 거듭난다, 성령으로 난다! 어떻게 이러한 일이 있을 수 있을까? 많은 사람들은 말하기를 "당신은 그 이유를 설명하십시오. 만일 못한다면 당신은 우리에게 그것을 믿으라고 권하지 마십시오"라고 합니다.

나는 이같이 말하는 많은 사람을 상상할 수 있습니다. 여러분이 저에게 그 이유를 설명하라고 하면 나는 여러분에게 솔직하게 그것을 설명할 수 없다고 할 수 밖에 없습니다.

"바람이 임의로 불매 네가 그 소리는 들어도 어디서 와서 어디로 가는지 알지 못하나니 성령으로 난 사람도 다 그러하니라"(요한복음 3장 8절) 하셨습니다.

저는 바람에 대하여 지식이 없습니다. 여러분이 나에게 그 이유를 대라고 하면 나는 못합니다. 바람이 불 때 여기서는 정북쪽을 향하여 불고 100마일 떨어진 곳에서는 정남쪽으로 불 수 있습니다. 내가 수천 미터 높이 올라가면 지상에서 부는 방향과 전연 반대 방향으로 바람이 부는 것을 알 수 있을 것입니다. 여러분은 나에게 이 바람의 흐름을 설명하라고 할 것입니다. 나는 그것을 설명할 수도 이해 할 수도 없기 때문에 내 고집대로 "아, 바람과 똑 같은 것은 없지요"라고 대답할 것을 생각해 보세요. 그때 어떤 어린 소녀가 "나는 저 어른보다 더 알고 있어요. 나는 가끔 바람 소리를 듣고 바람이 나의 얼굴을 스쳐가는 것을 느낍니다"고 말하고 또 "어느날 바람이 내 우산을 날려 버리지 않았어요? 그리고 길에서 어떤 이의 모자를 날리는 것을 보지 않았어요? 숲 속의 나무와 시골에서 자라는 옥수수를 흔드는 것을 보지 않았어요?"하고 말할 것입니다.

여러분도 마찬가지로 바람과 같은 것이 없다고 말하듯이 성령으로 난 사람 같은 이는 없다고 말 할지도 모르겠습니다. 마치 바람이 내 얼굴에 스쳐가는 것을 실제로 느끼듯이 나는 하나님의 성령이 내 마음속에서 역사하고 있다는 것을 느껴 왔습니다. 나는 그 이치를 해명할 수 없습니다. 이치를 알지 못하고 믿는 것이 대단히 많습니다. 나는 창조주를 알수 없습니다. 나는 이 세상을 볼수는 있지만 하나님께서 혼돈 속에서 이 세상을 어떻게 만들어 내셨는지 설명 할수도 없습니다. 그러나 거의 모든 사람은 태초에 어떤 창조의 힘이 있었다는 것은 시인합니다.

모든 것을 다 설명하기는 불가능하다

나는 설명할 수도 없고 이치를 캐낼 수도 없으면서도 믿고 있는 일은 대단히 많습니다. 어떤 사업가가 예수 그리스도의 신앙과 봉사 생활은 계시적 요소에 속하고 있으며 연구할 문제가 안된다고 하는 것을 들었습니다. "하나님이 그 아들을 내 속에 나타 내시기를 기뻐하실 때에"(갈라디아서 1장 15,16절)라고 바울은 말하였습니다.

시골로 내려가는 한 무리의 젊은이들이 있었는데 그들은 "이치를 캐낼 수 없는 것은 모두 믿지 않기로 결심하였습니다"고 하였습니다. 한 노인이 이런 이야기를 듣고 그들에게 가서 "이치를 알 수 없는 것은 아무것도 믿지 않겠다고 하는 이야기를 들었소이다."고 했습니다. "네, 그렇습니다."하고 그들이 대답하자 노인은 말하기를 "그런데 나는 오늘 기차를 타고 내려오다가 어떤 거위와 양과 돼지와 소들이 모두 똑같은 풀을 뜯어 먹고 있는 것을 보았습니다. 그 먹는 풀이 어떤 과정에 의해서 머리털이 되고 새털이 되고 돼지털이 되고 양털이 되는지 내게 설명해 줄 수 있을까요? 여러분은 이것이 사실이라고 믿습니까?"하고 물었습니다. 그들은 말하기를 "아 그건 말입니다 우리는 비록 왜 그렇게 되는지 알지 못하지만 믿지 않을 수 없는 일이지요"라고 했습니다. 그 노인은 "그렇다면 나는 예수 그리스도를 믿지 않을 수가 없는데요"라고 했답니다.

그런즉 갱생하고 개심한 사람을 볼때에 인간이 거듭난다는 것을 나는 믿지 않을 수 없습니다. 가장 악질적인 인간이 거듭나서 구렁텅이 속에서 발을 빼어 반석 위에 놓고 새로운 노래가 입에서 흘러나오는 것을 보지 못했던가요? 저주하고 모독하던 혀는 하나님을 찬양하고 과거의 낡은 것은 개선 될 뿐만 아니라 사라졌고 모두 새로워졌습니다. 그들은 다만 "그리스도 예수" 안에서 거듭났고 완전히 새 사람으로 된 것입니다.

참다운 생활에 있어서 실제적 결과

미국 어느 대도시의 컴컴한 뒷골목에 가련한 주정꾼이 있었습니다. 만일 여러분이 지옥에 가까이 가보고 싶은 생각이 있으면 술주정꾼의 집에 가 봐야 하리라고 생각합니다.

그 가난하고 비참한 주정뱅이의 집에 가 보십시오. 세상에서 그곳 이상으로 지옥과 같은 곳이 또 있을까요? 가난과 번민이 지배하는 곳을 보십시오. 놀라지 마십시오. 문 밖에서 그의 소리가 나는 것을 듣고 아이들은 도망치고 숨어 버렸습니다. 참을성 있는 아내는 남편을 만나고자 기다리고 있습니다. 그는 늘 그의 처를 괴롭혀 왔습니다. 그 부인은 그가 때린 매 자국이 몇 주일 동안이나 그대로 있을 때가 한두 번이 아니었습니다. 그의 억센 오른손으로 그 연약한 머리를 때린 일이 몇 번인지 모릅니다. 그래도 이 부인은 그의 회개할 날을 기다리며 잔인한 대우를 그대로 참았습니다. 하루는 남편이 들어와서 말하기를 "여보! 난 오늘 교회에 갔다왔지. 거기서 들었는데 내가 원한다면 회개 할수 있다는 거야. 정말 나는 하나님이 나를 구원해 줄 수 있다고 믿겠어"라고 했답니다. 몇 주일 후에 그 집에 다시 가 보시겠어요! 참으로 놀라운 일이 아닙니까? 가까이 가보셔요. 당신은 누군가 노래하는 것을 들을 것입니다. 이것은 술 주정꾼의 타령이 아니고 "세상의 반석"이라는 옛 찬송가의 곡조입니다. 아이들은 이제 그 아버지를 무서워하지 않게 되고 무릎 앞에 가까이 모여 들었습니다. 아내는 그의 곁에 앉아 행복한 얼굴빛이 감돌고 있었습니다. 이것이 재생의 그림이 아닐까요? 나는 여러분을 이 그리스도의 힘으로 재생되어 행복하게 된 가정을 얼마든지 보여줄 수 있습니다. 사람들이 필요로 하는 것은 유혹을 극복하고 참다운 생활을 이끌어 가는 힘입니다.

하나님의 나라로 들어가는 유일한 길은 하나님의 나라안으로 태어나는 일입니다. 이 나라의 법률에는 대통령은 반드시 이 나라에서 태어난 사람이야 한다고 했습니다. 외국인은 우리나라에 와서 대통령이 되는 것을 금하는 그런 법률에 대하여 불평을 할 권리가 없습니다. 그렇다면 하나님께서는 영생의 상속자가 될 사람은 모두 천국에서 태어나야 한다는 법률을 만들 권리가 없을까요?

거듭나지 못한 사람은 천국에 있기보다 오히려 지옥에 있으려고 할 것입니다. 부패와 악덕으로 가득찬 마음을 가진 사람은 천국에 있는 깨끗하고 거룩하고 구원 받은 사람들 사이에 데려다 놓아도 그는 거기에 머물러 있으려고 하지 않을 것입니다.

확실히 우리가 천국에서 행복하게 되려면 우리는 이 땅에서 천국을 만들기 시작하지 않으면 안됩니다. 천국은 예정한 자들을 위해 예비된 곳입니다. 만일 도박꾼이 뉴욕 거리에서 끌려나와 하나님 나라의 옥석으로 된 보도 위에나 생명나무 그늘 아래에 데려다 둔다면 그는 "나는 여기에 있고 싶지 않다니까"하고 야단일 것입니다. 만일 사람들이 그들의 마음을 거듭나게 하지 않고 인간의 성품 그대로 천국으로 들어 간다면, 천국에는 또 다른 반역이 있게 될 것입니다. 천국은 모두 두 번 출생한 사람들의 무리로써 가득차 있습니다.

요한복음 3장 14절과 15절에 "모세가 광야에서 뱀을 든것 같이 인자도 들려야 하리니 이는 저를 믿는 자마다 영생을 얻게 하려 하심이니라"고 하였습니다.

누구든지

'누구든지' 라는 이 말을 주의해 보십시요! 나는 구원을 받지 못한 여러분에게 하나님이 여러분을 위하여 무엇을 하셨는지를 말하겠습니다. 하나님께서는 여러분들의 구원을 위하여 할 수 있는 모든 것을 다 행하셨으니 여러분은 하나님께서 더 행하시기를 기다릴 필요가 없습니다. 성경에서 하나님은 질문하시기를 무엇을 더 할 것이 있을까(이사야 5장 4절)하고 물으셨습니다. 그리고 하나님은 그의 사랑하는 아들을 보내셨습니다. 그런데 사람들은 그를 또 죽였습니다. 이번에 그는 성령을 보내어 우리로 하여금 죄를 깨닫게 하고 어떻게 우리가 구원을 받을 것인가를 보여 주십니다. 이 장에서 우리는 십자가에 달리신 예수가 어떻게 사람들의 구원이 될 것인가에 대하여 배울 것입니다. "모세가 광야에서 구리 뱀을 든것같이 인자도 들려야 하나니 이는 저를 믿는 자마다 영생을 얻게 하려 하심이니라" 어떤 사람은 6천년 전 한 사람의 죄를 우리들이 책임져야 한다는 말은 매우 이치에 맞지 않는다고 불평을 할 것입니다. 얼마전에도 한 사람이 나에게 이같이 정당치 못한 일이 어디 있느냐고 말했습니다. 만일 어떤 사람이 하나님에게 그런 방법으로 대답을 하려고 생각한다면 이것은 아무 유익이 없는 일이라고 말하고 싶습니다. 만일 당신이 패망하면 그것은 아담의 죄 때문인 것이 아닙니다.

사실증명

여러분께서 이해가 잘 되기 위하여 이런 예를 들겠습니다.

내가 부모에게서 물려받은 결핵병으로 죽어가고 있다고 상상해 보세요. 나는 그 병을 나 자신의 잘못이나 건강에 대하여 등한시한 탓으로 얻은 것은 아닙니다.

어떤 친구가 찾아와서 나를 쳐다보고 "무디야 너는 결핵병에 걸렸구나"고 말하면서 곧 이런 대화가 벌어졌습니다. "나도 그 병에 걸려 고칠 수 있다는 미국과 유럽의 유명한 의사에게 보였으나 모두 희망이 없다고 했지. 그렇지만 무디야, 너는 날 알지. 너는 날 여러해 동안 사귀어 왔으니까" "그렇구 말구" "그렇다면 내가 거짓말을 한다고 생각하나?" "천만에!" "내가 십년 전에 멀리 가 있을 때에 의사들은 나보고 죽을 것이라고 단념을 시켰어. 그러나 이 약을 먹고는 낫게 됐지. 나를 봐. 이제 나는 아주 건강한 걸" 나는 그것이 매우 이상한 일이라고 말하였더니 "물론 이상할 테지. 그러나 이것은 틀림없이 사실인걸. 이 약으로 나았으니까, 이 약을 먹어보란 말야. 틀림없이 낫게 될테니까. 이 약은 대단히 값진 것이지만 무료로 주겠어. 이것을 소홀이 보지 말기를 부탁하네"

"나는 자네 말을 믿으려고 하지만 내 이성에는 이해가 가지 않아"하고 나는 부인했습니다. 내 말을 듣고 나의 친구는 돌아가서 다른 친구 한 명을 데리고 왔습니다. 그 사람도 똑같은 사실을 증명했습니다. 그래도 나는 믿지 않고 있으니 그는 나가서 또 다른 친구를 데리고 왔습니다. 이렇게 하기를 수차례 하였습니다. 결국 그들은 다같은 사실을 증언하였습니다. 즉 그들은 다 나와 똑 같이 다 아팠었다고 하며 내게 준 것과 같은 약을 내손에 쥐어 주었습니다. 나는 약을 땅바닥에 내동댕이 치고 생명을 구하는 약의 효력을 믿지 않았습니다. 나는 죽게 되었습니다. 그 이유는 내가 그 약을 배척한 까닭입니다. 만일 여러분이 패망하면 그건 아담이 범죄한 까닭이 아니요 다만 여러분을 구원하기 위해 주어진 그 약을 멸시하였기 때문입니다. 여러분은 광명보다 암흑을 택한 것입니다.

"우리가 이같이 큰 구원을 등한히 여기면 어찌 피하리요?" 만일 여러분이 그 약을 무시한다면 희망을 전혀 가질 수 없습니다. 상처를 보고만 있으면 아무 소용이 없습니다. 만일 우리들이 이스라엘의 장막 속에 있어서 사나운 독사에게 물렸다고 하면 그 상처를 보고만 있는 것으로 아무 소용이 없을 것입니다. 상처를 들여다 보는 것만으로 아무도 살릴 수 없습니다. 그때 여러분이 할 일은 약을 찾는 일인 것 처럼 여러분이 죄에서 구원을 받으려면 구원할 능력을 가지신 하나님을 찾아야 하는 것입니다.

옛날 이스라엘 사람들의 장막을 보십시오. 그리고 여러분 눈 앞에 그려진 그 광경을 보십시오. 많은 사람들은 주어진 약을 무시하였기 때문에 죽어가고 있습니다. 물기 하나없이 마른 사막에는 작은 무덤들이 있고 수많은 어린이들이 독사에게 물려 넘어졌으며 많은 부모들이 어린 자녀들을 잃었습니다. 그리고 저 언덕 너머에서 그들은 그 어머니를 묻고 있으며 그 사랑스럽던 어머니는 땅에 묻히려 하고 있습니다. 온 가족이 사랑하는 어머니 곁에 둘러서서 울고 있습니다. 여러분은 그 애통하는 아우성 소리를 들으며 쓰라린 눈물을 보고 있습니다. 그 아버지는 그의 마지막 안식처로 옮겨지고 있습니다. 애곡 소리는 온 장막을 뒤덮고 있습니다. 쓰러져간 수 천의 사람을 위한 눈물은 흐르고 지금도 수없이 많은 사람들이 죽어가며 이 장막에서 다른 장막으로 그 독한 전염병은 기세를 떨치고 있습니다.

쳐다 보고 얻는 생명

나는 옛날 이스라엘 사람의 장막에서 한 어머니가, 청춘의 꽃이 피어 아름다운 성인으로 싹트려고 하는 사랑하는 자식을 간호하고 있는 것을 볼 수 있었습니다. 그 어머니는 죽어가는 아들의 이마에서 흘러나오는 땀을 연신 닦아 주고 있었습니다. 그러나 그 생명은 점점 사라져만 가고 잠시 그의 눈동자는 움직이지 않더니 생기를 잃어 버리고 말았습니다.

그 어머니의 고통은 미어 터지고 피를 짜는듯 했습니다. 바로 그 때에 진영 안에서 떠드는 소리가 들렸습니다. 커다란 환성이었습니다. 무슨 일일까 하고 어머니는 장막문으로 가서 "이 안에서 나는 소리가 도대체 무슨 소리인가요?"하고 지나가는 사람에게 물었습니다.

"아유 아주머니도! 이 진영 안에 일어난 희소식을 못 들으셨단 말씀이에요?"

"못 들었는데요. 희소식이란 도대체 무엇인데요?"

"아이구 그 소식을 못 들으셨다니 하나님께서 약을 준비하셨대요?"

"뭐라구요! 뱀에 물린 이스라엘 사람을 위해서 말입니까? 무슨 약인지 좀 말해 주세요."

"글쎄 하나님이 모세에게 구리뱀을 만드는 것을 가르쳐 주셨고,

그것을 진영 복판에 서 있는 기둥에 붙들어 매고 누구든지 그것을 쳐다 보는 사람은 살 수 있다고 선언하셨답니다. 아주머니께서 듣는 저 환성은 그 뱀이 매어 달린 것을 보고 사람들이 외치는 거랍니다."

그 어머니는 장막 속에 다시 들어가 말하기를 "애야! 네게 좋은 소식을 말해 주마. 넌 죽지 않는다. 아가야! 아가야! 좋은 소식을 갖고 왔어. 넌 이제 살 수 있어."라고 일러 주었습니다. 그러나 그는 이미 실신 상태에 빠져서 장막의 문까지 걸어 가기에는 너무나 허약하였습니다. 어머니는 거센 팔뚝을 아들 팔 밑에 넣고 그를 일으켰습니다. "저쪽을 봐! 저 언덕 밑을 똑바로 봐!" 했지만 그 소년은 아무것도 보지 못했습니다. 그는 "아무것도 안보이는데요. 도대체 무엇인데요. 어머니?"라고 했더니 "그대로 잘 보고 있어 볼수 있을 거야" 어머니는 대답하였습니다. 마침내 그는 번쩍이는 뱀의 모양을 언뜻 보았습니다. 그랬더니 정말 그의 병은 나았습니다. 이렇게 해서 많은 젊은이들이 보고 회개하였습니다.

어떤 사람들은 "우리는 그렇게 갑작스럽게 회개하는 것을 믿지 않습니다"라고 할 것입니다. 보십시오. 그 소년을 낫게 하는데 얼마나 걸렸습니까? 뱀에게 물린 이스라엘 사람들을 고치는데 얼마나 걸렸습니까? 그들은 잠시 쳐다 보더니 모두 낫게 되었습니다. 그 히브리 소년은 한 젊은 회심자입니다. 나는 지금 그 소년이 주위의 모든 사람과 함께 하나님을 찬양하는 것을 눈 앞에 보는 듯 합니다. 그 소년은 그가 당했던 것과 같이 병에 쓰러져 있는 다른 젊은이를 보고 그 앞에 달려가서 "당신은 죽지 않습니다"고 말합니다.

"네? 나는 살 수 없어요. 이젠 절망입니다. 이스라엘에는 나의 병을 고쳐줄 의사가 없으니까요"하고 젊은이는 대답을 합니다. 그는 죽지 않을 수 있다는 것을 모르고 있습니다.

"그런데 당신은 소식을 듣지 못했어요? 하나님께서 약을 마련하셨는데요" "무슨 약인데요?" "그건 하나님이 모세에게 일러서 구리 뱀을 만들도록 하시고 누구든지 뱀을 쳐다보는 사람은 죽지 않으리라 하셨거던요." 나는 그 젊은 사람을 상상해 보았는데 아마도 유식한 청년일 것입니다. 젊은 동심자에게 말하기를 "당신은 내가 그와 같은 일을 믿으리라고 생각하십니까? 이스라엘에 있는 의사들도 나를 고치지 못한다는데 어떻게 기둥위에 달리 낡은 구리 뱀이 낫게 하리라고 생각하십니까?" "아이구 아니예요. 저도 당신만큼 몸이 나빴지요! 그렇게 생각하지 마세요." "그렇다면 나도 그렇게 해보겠습니다. 아마 이것이 내가 지금까지 들은 것 중에서 가장 놀라운 얘기 일 것입니다."라고 그 젊은이는 말하면서 그것에 관한 철학을 듣고 싶다고 합니다. 나는 그것을 설명할 수가 없습니다. 다만 그 뱀을 쳐다 보았다는 것과 병이 고쳐졌다는 것과 회심했다는 사실을 알고 있을 따름입니다고 하였습니다.

나는 쳐다 보기만 했다 그것으로 충분하다

“나의 어머니는 진영 안에 돌고 있는 얘기를 들려 주었습니다. 나는 어머니께서 하시는 말씀을 그저 믿었더니 완전히 나았습니다.” “그런데 당신이 나처럼 위급했었으리라고는 믿기 어려운데요!” 나는 소매를 걷어 올렸습니다. “이곳을 보십시오. 이 자국은 뱀에 물린 것인데 내가 당신보다 더 위급했단 말입니다.” “당신의 철학으로 그렇게 하시지요. 여하튼 바라다 보고 생명을 얻으시오.” “그런데 나는 가끔 이런 식으로 말하는 사람을 만납니다. 그러나 선생님 당신은 저에게 불합리한 일을 요청하십니다. 만일 하나님께서 모세에게 이르셨다면 그 놋을 가지고 상처를 부벼 보지요. 그 놋 속에는 물린 상처를 낫게 하는 성분이 들어 있을지 모르니까요. 젊은이! 그 철학을 설명해 주시오” 그 젊은이는 다른 사람을 불러 장막으로 데리고 들어가서 “주님이 어떻게 당신을 구원하셨는가를 이 사람에게 말해 주세요.” 할 때 그는 똑같은 얘기를 할 것입니다. 그는 또 다른 사람을 불러 들였지만 결국 모두 같은 대답을 했습니다. “만일 주님이 모세로 하여금 가서 생약(Herb)이나 뿌리를 가져오라하여 다려서 그것을 약이라 한다면 그 속에는 어떤 것이 들어 있는지도 모르지요. 그러나 다만 뱀을 바라보는 그런 일은 자연 법칙에 반대되는 것이므로 나는 할 수 없습니다.” 이때 마침 그의 어머니가 장막밖에 나갔다 들어오셔서 말하기를 “내 아들아, 나는 세상에서 제일 좋은 소식을 갖고 왔다. 내가 진영 안에 있노라니 매우 중태에 빠졌던 사람들이 완전히 나은 것을 보았단다"고 말한 즉 "저도 좋아지기를 원해요. 죽는다는 것은 정말 가슴 아픈 일이야요. 나는 하나님이 언약하신 땅에 가기를 바래요. 이 광야에서 죽는다는 것은 몸서리 납니다. 그러나 아무리 해도 그 약을 이해 할 수 없군요. 이것은 저의 이성엔 적합지 않습니다. 잠깐 동안에 나을 수 있다는 것은 믿을 수가 없습니다"고 대답하였습니다. 결국 그는 자신의 불신 때문에 죽었습니다.

죄에 대한 하나님의 약

하나님은 고난의 이스라엘 족속들에게 약을 준비하셨습니다. 바라 보아라! 그리고 생명을 얻으라! 영생은 모든 불쌍한 죄인을 위해서 입니다. 독자 여러분! 바로 이 시간에 바라 보십시오. 그러면 구원을 얻을 것입니다. 하나님은 하나의 약을 준비하시고 모든 사람에게 내어 주셨습니다. 문제가 되는 것은 대부분의 사람들이 그 기둥만을 바라 봅니다. 기둥을 바라보지 마세요. 그것은 교회입니다. 교회를 보아도 좋습니다. 그러나 교회만을 바라 볼 필요는 없습니다. 교회는 여러분을 구원할 수 없습니다. 기둥을 넘겨 보세요. 십자가에 달린 분을 바라 보세요. 갈보리산을 보십시오. 죄인들이여! 예수님은 사람을 위하여 죽었다는 것을 명심하십시오. 여러분은 목사님을 바라볼 필요가 없습니다. 그들은 그 약을 집어 들고 예수님을 받드는데에 선택받은 그릇입니다. 그러니까 나의 친구들이여! 사람으로부터 교회로부터 당신의 눈을 돌이키십시오. 세상 죄를 지고 가신 예수님께로 눈을 돌이키십시오. 그러면 이 시간부터 여러분은 생명을 얻게 될 것입니다.

하나님 감사합니다. 우리는 어떻게 바라볼 것인가를 일러줄 가르침이 필요하지 않습니다. 저 네 살난 어린 소년들과 소녀들은 읽지를 못하나 볼 수는 있습니다. 아버지가 집에 돌아오면 어머니는 어린 아들에게 "아가야 여기봐, 이것봐"라고 하니 그 어린 아이는 돌도 되기 전에 쳐다 보는 것을 배웠습니다. 이것이 구원을 받는 것입니다. 즉 세상의 죄를 지고 가신 하나님의 어린 양을 바라보는 일입니다. 그러므로 이 순간에도 보고자 하는 자에게는 누구나 삶이 있습니다.

어떻게 구원을 얻을 것인가?

어떤 사람들은 "내가 어떻게 구원을 얻게 되는지 알고 싶습니다" 라고 묻습니다. 곧 하나님의 말씀대로 그를 섬기고 그의 아들을 오늘 이 시간 이 순간에 믿는 것입니다.

하나님께서 여러분이 믿기만 하신다면 구원해 주십니다. 이 밖에도 어떤 사람은 이렇게 말하리라 생각합니다.

“나는 내가 구원을 받아야 할만한 썩은 인생이라고까지 느끼지 못합니다. 내가 죄인이라는 것도 알고 그런 따위에 관해서는 다압니다만 내가 완전히 썩었다고는 느껴지지를 않습니다”고. 여러분! 하나님은 얼마나 그것을 깨달아 주었으면 하는지 아십니까?

내가 벤파스트 시내에 있었을 때 한 의사를 알고 있었는데 그 의사는 그곳에서 유명한 외과의사였습니다. 그는 내게 외과의사가 어떤 수술을 하기 전에는 그 환자에게 이렇게 말한다고 일러 주었습니다. “상처를 잘 들여다 보시고는 나만 꼭 바라보며 내가 수술을 끝낼때까지 눈을 나에게서 떼지 마시오”라고 한답니다. 저는 그때 그것이야말로 좋은 예증이라고 생각했습니다. 죄인이여, 당신의 상처를 잘 들여다 보시오. 그리고 눈을 예수님께 똑바로 향하여 보고 떼지 마시오. 상처를 보느니 보다는 약을 바라보는 편은 더욱 좋습니다. 당신이 얼마나 불쌍하고 저주 받은 죄인인지를 알아 보세요. 그리고 세상의 죄를 짊어지고 가신 하나님의 어린양을 바라다 보세요. 그는 무신론자와 죄인들 때문에 죽을 수 밖에 없었습니다. “나는 그를 따르겠소”라고 말하십시오. 그러면 하나님께서는 여러분의 눈으로 갈보리산 위의 인자를 바라 보도록 도와 주실 것입니다. 그리고 이스라엘 족속이 뱀을 쳐다보고 낫게 된 것처럼 여러분도 쳐다보면 생명을 얻을 것입니다.

죽어 가는 병사

핏츠버그상륙 작전 후에 나는 물푸리스보로그에 있는 병원에 입원하고 있었습니다. 밤중에 누가 나를 깨우며 환자가 나를 만나고 싶어한다고 일러주었습니다. 내가 그에게로 가니 그는 날더러 "군목님"하고 부르며(나는 그때 군목이 아니었습니다만) 자기의 임종을 도와 달라고 하였습니다. 그래서 나는 "내가 능력이 있기만 했더라면 당신을 내 팔에다 번쩍 들어올려 천국으로 데려다 드리겠는데요. 그러나 나는 할 수 없군요."했더니 그는 "그럼 누가 할 수 있을까요?"하고 물었습니다. 나는 "주 예수 그리스도께서는 할 수 있습니다. 그런 일을 하시러 세상에 오셨으니까요"하고 대답했습니다. 그는 머리를 끄덕이며 그러나 "예수님은 나를 구원할 수 없습니다. 나는 평생 죄를 지었으니까요"하고 말하기에 "그러나 그는 죄인을 구하러 오신 것입니다"고 일러 주었습니다.

나는 북쪽지방에서 사는 그의 어머니를 생각해 보았습니다. 그는 틀림없이 아들이 평화스럽게 세상을 마치기를 바라고 있으리라 생각하였기 때문에 그 환자와 같이 머물러 있기로 결심하였습니다. 나는 두세 번 기도를 드리고 할 수 있는 모든 언약을 되풀이 했습니다. 왜냐하면 몇시간 못가서 그가 죽을 것이 명백하였기 때문입니다. 나는 예수님께서 자기 영혼을 걱정하던 어떤 사람과 주고받은 대화의 하나를 읽어 주려고 요한복음 3장을 펼쳐 읽었습니다.

그는 눈물을 흘리기 시작하더니 14절과 15절을 읽을 때에 다음의 구절을 파악했습니다. "모세가 광야에서 뱀을 든것 같이 인자도 들려야 하리니 이는 저를 믿는 자마다 영생을 얻게 하려 하심이니라." 그는 읽는 것을 멈추게 하고는 "그 말이 거기에 있습니까?"하고 묻기에 "네" 했습니다. 그는 그곳을 또 읽어 달라고 하기에 나는 읽어 주었습니다.

그는 침대 위에서 팔굽에 기대어 합창을 하고 "참 좋습니다. 다시 한번 더 읽어 주시겠습니까?" 저는 세 번이나 읽은 뒤에 그장의 나머지를 읽었습니다. 다 읽었을 때 그의 눈은 감겨지고 손은 모우고 얼굴엔 미소가 떠올라 있었습니다.

어쩌면 그렇게 감격했던가! 어쩌면 그렇게도 변했을까! 나는 그의 떨리는 입술을 보면서 그 위에 귀를 대고 희미하게 속삭이는 것을 들었습니다.

"모세가 광야에서 뱀을 든것 같이 인자도 들려야 하리니 이는 저를 믿는 자마다 영생을 얻게 하려 하심이니라" 그는 눈을 뜨고 말했습니다. "인제 됐어요. 그만 읽으세요" 그는 수시간 더 머물러 있다가 이 두 구절을 베개로 삼고 예수님의 마차에 함께 타고 하나님 나라로 그의 자리를 마련하여 올라갔습니다. 예수는 니고데모에게 말했습니다.

"사람이 거듭나지 않으면 하나님 나라를 볼 수 없느니라" 여러분은 많은 나라를 볼 수 있으나 여러분이 다시 나지 않는 한 즉, 그리스도의 이름으로 거듭나지 않고는 결코 여러분이 볼 수 없는 한 나라, 존 번연이 환상에서 본 뷰-라(Beulah)의 땅이 있습니다. 여러분은 멀리 바라보고 아름다운 나무들이 많이 있는 것을 볼 수 있지요. 그러나 생명의 나무만은 구세주의 신앙으로 여러분의 눈이 밝아지지 않고서는 결코 볼 수 없습니다.

여러분은 지상의 아름다운 강을 보기도 하고 그 위를 배타고 다니기도 하지요. 그러나 거듭나지 않고는 하나님의 왕좌에서 터져 나와 하나님 나라로 흘러 내리는 강물 위에 여러분의 눈을 쉬게 할 수 없다는 것을 명심하십시오. 이 말은 사람이 한 것이 아닙니다. 하나님이 말씀하셨습니다. 중생하지 않고는 결코 천국을 볼 수 없습니다.

지상의 임금들이나 주인들은 볼 수 있으나 왕중의 왕이요 주 중의 주님은 거듭나기 전에는 결코 보지 못합니다. 여러분은 런던에 가면 그곳의 탑 속에 있는 영국 왕관을 볼 수 있습니다(그곳의 왕관은 값진 것이어서 군인들이 파수하고 있음). 그러나 생명은 수천 불이 있어도 여러분이 거듭나지 않으면 결코 볼 수 없다는 것을 마음 속에 새겨 두어야 합니다.

중생하지 못한 자가 잃어 버리는 것

여러분은 여기서 불려지는 시온의 노래를 들을 것입니다. 그러나 모세와 어린양의 노래만은 할례받지 못한 귀에는 결코 들리지 않습니다. 그 음률은 중생한 사람의 귀만을 즐겁게 하여 줍니다. 여러분은 세상에 있는 아름다운 저택을 볼 수 있으나 예수님이 여러분을 위하여 예비하신 저택을 중생하지 않고는 결코 볼 수 없다는 것을 명심하십시오. 그 말씀은 하나님께서 하신 말씀입니다. 여러분은 이 세상에서 수없이 많은 아름다운 것들을 봅니다만 아브라함이 잠깐 보고 그때부터 순례지와 안식처가 된 도읍은 중생한 사람이 아니고는 볼 수 없습니다(히브리서 11장 8,10~16절). 여러분 가끔 결혼식 피로연에 초청을 받습니다만 어린양의 혼인 잔치에는 중생하지 않고는 참례 할 수 없습니다.

여러분 이 말씀은 하나님의 말씀입니다. 오늘저녁 성스러운 성모 마리아의 얼굴을 바라볼 것이고 여러분을 위하여 기도하고 계시는 것을 느낄 것입니다. 그러나 중생하지 않으면 마리아를 더 이상 볼 수 없을 때가 올 것입니다.

어머니에게 한 약속

독자중에 돌아가시게 된 어머니를 간호했던 젊은분들이 계실 것인데 어머니가 "나하고 천국에서 꼭 만나자"고 하셨다면 그때 여러분은 약속을 했을 것입니다. 오! 여러분은 이제는 거듭나지 않으면 다시는 어머니를 볼 수 없을 것입니다. 나는 중생할 필요가 없다고 하는 불신자보다도 나사렛 예수를 믿습니다.

부모들이여! 먼저 이 세상을 떠난 여러분의 자녀들을 만나고 싶으면 성령으로 거듭나야 합니다. 만일 여러분들 중에 요사이 사랑하는 아이를 무덤으로 보낸 이가 있다면 얼마나 그 가정이 쓸쓸하겠습니까! 거듭 나지 않으면 당신은 그 아이를 다시 볼 수 없습니다. 사랑하는 아이를 다시 만날려면 거듭나지 않으면 안됩니다.

젊은 남녀 여러분! 빛의 세계안에 어머니가 계시지 않습니까? 그 어머니의 하시는 말씀을 들을 수 있다면 "내 아들아! 이곳으로 온. 내 따라서 이리로 온" 하시지 않겠습니까? 어머니를 더 뵙고 싶으면 중생해야 합니다.

우리들 모두가 맏형을 저 나라에 보냈습니다. 1900여년 전에 예수님은 십자가에 못박혀 돌아가시어 하늘나라에서 우리를 그리로 오라고 부르고 있지 않습니까? 이제 우리는 세상에서 돌아서 보십시오. 세상에 대한 귀를 막아 버립시다. 십자가 위의 예수님을 바라보고 구원을 얻기 바랍니다. 그러면 결국 우리는 주님의 아름다운 품 안에서 하나님을 보겠고 우리는 그 곳에서 다시는 나오지 않을 것입니다.